第十三封信・The Thirteen Letter

成為未來的星火

在滿街海產行和叫賣吆喝聲中，無人看顧、已無機械油味的三剛鐵工廠，在南方澳的漁港路上顯得過分安靜和奇異，遊人僅能從門上的「文物館」手寫字招牌，一猜深遠建築物的內容物，過而不目更是常有的事。

但，為什麼這裡會有間文物館？在幾乎都是海鮮店的街上，又為何獨有這間鐵工廠？經營文物館的人是誰？牆上掛的老照片說著什麼故事？……滿腹的疑問，是認識一個地方的開始。

我在四層樓的私人文物館，看見工廠工作情景、文物館主人簡史、日治時代街景老照片和主人收藏，處處是深入了解地方的線頭，可真正留在心底的，是經營者對工廠、對所在地的情感。因為固執、因為巨大，足以表現出工廠在過往時代的角色，進而成為一段切片，為地方、為時代、為個人留下一點什麼，而那一點便有可能成為某個後輩、某段未來的星火，幸而不滅。

當有人將從自身情感出發、匯聚而成的地方愛，端到你面前，即便沾染歲月塵灰仍情真意重，請不要視而不見，並為其守護。

主編 董淨瑋

謝謝身體

in 台北士林

疫情又開始嚴峻的週末，我們幾乎都宅在山上。行走間，感覺到空氣中瀰漫著濃濃的濕氣，果然隔天就下雨了。

小孩說要走去他們的「祕密基地」，我還在納悶是哪裡？經由他們帶路，才知道是指附近的小山頭。那裡可以望見下面的山谷和溪流，並遠眺台北盆地。

這座小山有個滿可愛的名字——獅頭山，到達山頂前需要先穿過一段穿插著竹林的原生樹林，過程很有探險感。

到山頂後，他們在這邊採集周圍的植物，加上用石頭研磨砂岩仿製出黃豆粉，做成昆蟲的創意點心，大概是和菓子的概念。

在他們忙碌的同時，我則打著赤腳在一旁拉筋伸展，吸收陽光和岩石給予的能量，謝謝自己的身體又健康度過了一個禮拜。

盛琳
bibieveryday 主理人，在與小男孩和小女孩的日日生活中持續修煉著。

Evan Lin
攝影師、策展人、兩個孩子的爸爸，穿梭在工作與生活中的多重身分。

觀看 的

SIG

好好對待生命的山邊社區

in 花蓮吉安

走進南華社區時，有時候會和馬兒擦肩而過，在這裡的人們牽馬走路就像遛狗一樣稀鬆平常，走到附近的公園更有好幾頭馬兒正在低頭吃草，住在社區的人好像也見怪不怪，我卻充滿好奇。

馬兒會如此日常的出現在社區中，是因為這裡有「台灣兒童發展協會馬匹輔助教育中心」，有心理諮商背景的工作人員說，馬兒很敏感，可以感受與牠接觸的人現在的狀態，更可以透過課程互動療癒身心，工作人員就像是馬兒與人之間的橋樑或翻譯師。

場景 SCENES

我看著這個大塊頭有點緊張，擔心牠不喜歡拍照，一腳把我踢飛，我用念力和牠溝通，「我很友善喔，請讓我拍照吧！」一旁的工作人員看我們的互動，跟我說馬兒友善而好奇的在觀察你，很少看到有這麼大台的相機對著牠，索性放空聽著快門聲、眨眨眼！

慢慢的我也比較不緊張，越來越靠近，讓馬兒聞聞我的味道，摸摸牠暖柔的毛髮，最後更忍不住親上一口，牠用鼻子點了我的臉頰回應，我想牠應該滿喜歡我的（笑）。

在這裡所有的動物和人都很親近，馬兒、貓狗、鸚鵡和天竺鼠……共同生活在山邊的社區，人類和所有動物的生命都是一樣的，有好好被對待，他們在乎每個生命的身心，就算我只是短暫的拍攝工作，也能感覺平靜而溫暖。

林靜怡
宜蘭頭城人，現居花蓮壽豐，住在被山林擁抱和溪流洗滌的地方，與四隻狗二隻貓一起生活，創立「大樹影像」是希望能為被攝者留下些什麼，並讓世界溫暖一點。

新公共建築學

in 台南永康

這幾年來參與了許多大大小小的公共建設落成拍攝，有公園、公廁、立體停車場、美術館、舊菸廠、舊酒廠……等等的公部門改建計畫，十年前我對於所謂的公共建設一直抱著負面印象，最大的惡夢就是那些只為了想要，而花大筆預算去硬蓋出來的蚊子館與蚊子樓，至於誰會去使用及由誰來管理的問題，就成了那個時代的羅生門，但在十年後的今天，我開始對公共建設有越來越多的想像與期待，更可以說是驚喜不斷，新台南圖書館總館就是嚇到我的其中之一。

對於圖書館的印象，我還停留在小時候台中黎明新村裡的那種區域型圖書館，就連我現居的恆春鎮圖書館也是如此。

那時夏天國小放學，大家會相約去圖書館吹冷氣、裝冰水、混時間，當然也有看書的部分，只不過我們都是窩在漫畫區搶看七龍珠而已，還時常因為太吵鬧而被管理員趕出來。這就是小屁孩時期的我對於圖書館的記憶，對於看書只看圖的我，似乎在那之後就一直沒再踏進圖書領域了。

這回我來到新的台南總圖，遠遠就被金光閃閃的巨大建築物嚇到，一度懷疑導航是不是導引我到某間購物中心。徒步環繞總圖一圈，又大又驚人的外觀，完全突破我對圖書館的侷限印象；進到館內，除了豐富的藏書及自動借書系統，令我更讚嘆的是每個座位區都是巧思，寬闊的空間讓每一位閱讀者不再擁擠。

以老窗花為設計意象的外觀格柵，讓光影在館內隨著時間緩慢移動，建築大師貝聿銘說過：「讓光線來作設計」，好幾年前去過由貝聿銘設計的日本「美秀美術館」，

建築
BUILDING
的
SIG

我根本無心看展，找了一個角落靜靜的欣賞光線與建築的互動。在台南總圖裡我想也不例外，或許一樣會拿本只有圖的書，但看的是眼前光和建築的變化。

公共建築的新建與改建是個學問，像台南總圖位在都會區裡或許可以追求設計與美學，但偏鄉就得考量到使用率及人性。幾年前參與一個偏鄉場館的改建，提案者與設計師帶來許多前衛設計及當代建築想法，連我聽都感到興奮，但當中有位前輩說道：「這是個完美的設計，但也會嚇走自認格格不入的鄉親」。

當時這段話我想了很久才想通，如今我認為一個好的建築，考量的不能單單只有美，需要更多的區域文化及生活模式加入設計，最後再讓我套用貝大師的一句話：「生活就是建築，建築是生活的鏡子。」

邱家驊
躲在恆春十餘年的影像人，拿著釣竿就住海邊，不時也爬進山裡砍柴玩石頭。攝影是工作更是生活，快門之前是積累的日常感受，快門之後將消化成未知的養分，回饋給自己。

建築 BUILDING

地方的策展媽媽

in 新北林口

「23歲就未婚懷孕，為了平衡母親的失落及自己也身為母親的身份，白天帶小孩，晚上繼續念夜間部，下課後接著到工廠上大夜班到天亮。那時每天都睡不到一個小時，沒多久婚姻就走不下去。」看來年紀不大，卻有著20歲女兒的公共地景藝術策展人——蕭飛比（凱文），淡淡地談起了自己。

遇見她的晚上，我是林口社宅公共藝術的藝術家，她則是以社宅的居民身份登場，我靜靜的聽著她的故事。

凱文像是在講別人的事一樣：「為了養大女兒，在林口長庚附近擺地攤賣衣服，單月最多能營收到六位數字左右，應該算人生賺最多錢的時候吧。後來都市更新，地攤沒了，又在附近開服飾精品店，但收入差很多。也曾遇到瘋狂追求、說要包養的金主，或各種騷擾、暴力對待，很長一段時間，精神狀況很糟，覺得人生無望，各種自殺方式都試過，甚至也曾在路上發瘋，被一群警察制服後打乖寶寶針。」

這樣的人生經歷，像在深谷中不停墜落，對我來說太抽離，如同社會新聞裡出現的人，不若眼前溫和的樣子，是如何從深淵之中爬上來的呢？「那是一段過程。」

她接著說起另一則故事：「有陣子做原住民影像培訓課程的統籌，上課學員都來自全台灣各地的原住民部落。印象很深，有次下雨，其中一位學員打電話來說下雨了所以沒辦法來上課。」這理由太荒謬！「我那時候很生氣，心想怎麼會有這麼荒謬的理由？下雨就不能來了？直到有次學員邀請我去他們部落的小米祭，我才發現那真的是個很遠很難到達的地方，沿途除了高鐵、火車、公車、汽車，還需要渡過隨時可能被河水沖掉的便橋，才能到達部落。只為了學習，他們每週都得這樣來到都會區。當時，我才突然對於自己長年生活於都市的狹隘與傲慢，感覺到羞愧。我憑什麼對人家生氣？」

同理心說來容易，卻常常容易

忘記。在「地方設計」裡常常看著專家急欲「改變地方」帶給「不懂好好生活」的人們「更好的生活」，這或許也可能是種傲慢。我們有什麼資格，去告訴人們生活有更美好的想像呢？

話題回到她如何從泥淖中走出來，「後來，雖持續投入藝文工作，卻常在工作時，被以不是科班、不懂藝術的標籤否決，我決定報考台北藝術大學藝術跨領域研究所。但才考上沒多久，卻又被校方以行政流程因素刁難而需退學。為了爭取受教權，我告上教育部、逼得校長找各系所學院院長、副院長

來討論，在會議上我分享上面那段故事，教育本質——應該是給予學習的人機會，而非剝奪。最後校方轉向，而歷經幾年後，藝術教育也慢慢改變我看待自己與這世界的視角。」

如果用宿命論來說，每個人所經歷的事都有因，感受過溫暖、也見過常人難以觸及的黑暗。在地方策展，她細膩的情感有一種屬於媽媽才有的溫柔和嚴厲；策展對她而言是個動詞，而不是象徵身份的名詞。

談到近年持續投入的大型地景藝術節，「我一定得先到現場，一

次又一次，反覆感受現地、在地人文，包含人們的體悟感受，才去思考可能的形式。有時難免遇到傲嬌、眼睛長在頭上的合作對象或藝術家，會氣不過，還曾找藝術家打架呢！面對相對弱勢或更需要資源的藝術家們，就當他們的小助手。那是種平衡，一邊保護、一邊碰撞，讓沒有資源的藝術家，有更多力量去創作。有時候，話不用講太多，什麼都不說，反而是更大的溫柔，讓時間去長出最適合的東西。」

一邊保護著藝術家，也一邊用藝術保護著地方，她陪伴作品慢慢長出來，也享受著來自於地方有時看著作品的凝視。

對我而言，凱文是珍貴的人生導師，她笑著回說：「我更像地方保全？要守在這裡，看看你們在做什麼！？」

李政道
經營線上平台「西城 Taipei West Town」。曾有多年迷惘的只為廣告服務，在中國工作時認識了台灣。偶然的機會下台北小孩才從一攤攤質樸的小吃，走入其實風華絕代的老派台北。

目
Contents
次

鄉村博物館

Feature **特輯**

二結穀倉

Sight 觀看的視線

Another Life 另一種可能

Inside of Place 走進地方

Grow From Land 和土脈脈

Connection Online 國際連線

走訪各地鄉鎮時，稍留心，
會發現有著各式文物館、紀念館、文化館、故事館……，
鋪蓋著灰塵和歲月痕跡的指標招牌，
指引著過去的地方文化經驗。

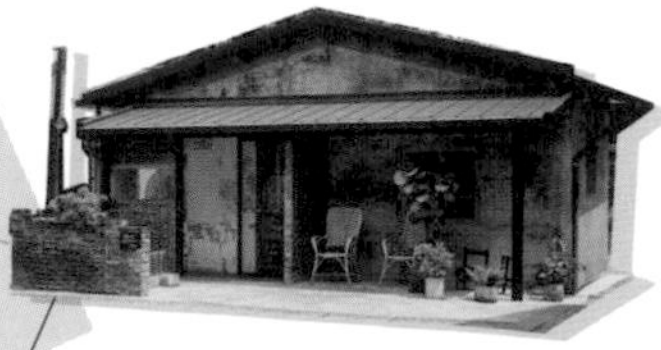

鄉村 MUSEUM

尋找自己是誰的方法

從中可看見在地人透過博物館方法，
召喚出一段段產業、生態、工藝、族群、歷史等記憶，
逐步拼湊出「自己是誰」的完整樣貌。

博物館

每個地方都是獨一無二的典藏。
透過鄉村博物館，濃縮見證了有限的人生，
如何延續對土地和對人事的地方關懷，
並以此為踏石，尋求指向未來的路。

每個地方都是獨一無二的典藏

LOCAL MUSEUM

LOCAL MUSEUM

LOCAL MUSEUM

LOCAL MUSEUM

LOCAL MUSEUM

文字整理─王巧惠
圖片提供─林承緯
插畫─徐小碧

世界是一座博物館，每個地方都是獨一無二的典藏。有人保存風土，有人修復時間，有人推廣產業，有人研究議題，地方博物館打開非典型視角，深入根植的土地，開拓博物館的疆界。請遵循參觀方向（沒有也沒關係），從各種角度觀察博物館可能的形狀。

Q 先請三位分享，台灣博物館走到地方文化館的發展過程？

陳育貞 我們都知道台灣的文化政策大約在1980～1990年代逐漸轉型，展開非常大量和地方的銜接。1982年公布的文資法，經歷幾次修法，讓文化的詮釋權得以和地方連接。1984年全國文藝季啟動，銜接到1994年社造的相關機制，各地開始出現各種自我表現、自我詮釋、自我經營的據點，而後接上2002年的地方文化館計畫。這些形成了在地多元文化經營的豐厚胚土，但國家政策是把兩面刃，一面有穩定的資源，同時也面臨新的處境，待會也許可以再談一些變化。

林承緯 育貞老師交代了整體發展框架，我就文資方面補充一些脈絡。

文資法啟動初期是中央直接處理地方的文化判斷，三級制度自1997年改成現行的國家級、直轄市級、縣市級；2002年因應921震災造成許多具文史價值的物件散失，於是修法加入歷史建築，這些都和我們今天要談的地方文化館有很大的互動關係。

2005年公布的第二版更為全面，其中無形文化資產的保存涉及物件徵集和人的記憶、知識記錄，呈現方式需要配套措施，與地方文化館因文化工作需要一個可以穩定展示或累積的場域而生的精神不謀而合。2005年版文資法和2002年地方文化館計畫都有一個由下而上的精神，在幾年後出現一定的交集。

林玟伶 不管是社造或文資的脈絡，可以看出地方文化館的發展都與國家政策息息相關。這和博物館的脈絡不太一樣，台灣的博物館在1980年代前隸屬教育部，所以地方文化館的推動，其實增加了文建會在博物館方面著力的合理性。

我來談談地方文化館相關政策啟動之後，分成三階段：地方文化館計畫（2002～2007）主要目標是扶植有創意和地方特色的館所，進而成為文化資源及文化觀光據點。很多館在這時期紛紛長出來，但強調單點的個別發展，導致第二期計畫（2008～

以博物館為方法，讓地方議題得以發聲，進而促進地方社群的參與。

重點不在於物件，而是對土地的記憶。

LOCAL

2015）的轉向，將地方文化館串連成地方文化生活圈，整合一個區域中的文化資源。博物館及地方文化館發展計畫（2016~2021）呼應博物館法而分流，提升具有博物館潛力的館所，強調專業功能；地方文化館則走整合協作路線，延續地方文化生活圈。

這三個階段，明確形塑了台灣地方文化館的發展。

陳育貞
台灣大學建築與城鄉研究所兼任副教授，城鄉潮間帶有限公司創辦人，恒維聯合建築師事務所共同主持人。原台大城鄉基金會宜蘭分會負責人，自1990年代進駐宜蘭從事地方工作，擅以參與式設計陪伴社區發展。

Q 這個發展脈絡是受到什麼趨勢影響？或參考其他國家的經驗？

陳育貞　這和台灣文化，甚至是國家治理的脈絡相關。

自1949年起，所有藝文創作都是以反共為基礎，疏於爬梳和呈現台灣的歷史發展脈絡。及至1970年代出現一波鄉土文學論戰，許多文學家反思寫作的方向，希望從反共導向本土內容，真實反映台灣的鄉村生活。這場論戰所引發的力量非常之大，它是一條文學書寫路線，實際上涉及了台灣戰後政治、經濟、社會的發展，是台灣文化的一次大檢討。

從戒嚴到解嚴前後的鄉土文學論戰，連結到在地與鄉土，連結到當時的文化政策，台灣就這樣以本土化為開端，產生後續的改變。

林承緯　台灣社會在解嚴後到達新的階段，其中社造受到日本的影響很大，包括地方文化館的模式。

日本從明治到大正年間就有地方館，各種物件的保存發展都是亞洲先驅。柳田國男自1910年代起推動鄉土文化研究，讓日本在追求西方現代化的過程中，保有一定的日本性格；1925年柳宗悅發起民藝運動，告訴國人日本美感存在

林承緯
台北藝術大學建築與文化資產研究所教授，文化資源學院院長，文化資產與藝術創新博士班主任。日本國立大阪大學博士，專長為民俗學、民藝美學、文化資源論，著有《宗教造型與民俗傳承》、《信仰的開花：日本祭典導覽》、《台灣民俗學的建構》等書。

MUSEUM

於生活中的庶民用具。這些運動也深刻影響1920~1940年間各地陸續成立的鄉土資料館。而日本佛教、神道教都有祭祀器具的收藏脈絡，同時搜集地方相關物件，例如地契、村落共同生活公約，這些寶物館、神寶館也在這時期逐漸接近地方博物館的模式。

戰後日本對地方文化再思考的過程裡，這些館非常具有指標性。在國內地方文化館的發展上，日本經驗相當值得一談。

林玟伶　就像承緯老師所提的日本經驗，我覺得源自歐洲的「生態博物館」是另一種影響。

因為沒有明確的定義，生態博物館在全球各地實踐出不同的樣貌。台灣的黃金博物館在宗旨提到以生態博物館為理念，大溪木藝生態博物館更是直接放在名字裡。

生態博物館沒有實體建築的侷限，比較像是一個區域。它的重點不在於物件，而是對土地的記憶。所對應的不是一般大眾，而是在地人口及社群。這個概念影響了台灣地方文化館的發展，像是很多館沒有收藏品，像是我們強調的地方學，其實都受到生態博物館的影響。

林玟伶
輔仁大學博物館學研究所助理教授。台灣藝術大學藝術管理與文化政策研究所及英國萊斯特大學博物館研究所博士，學術專業以博物館學與文化政策見長，尤其關注博物館的社會參與實踐議題。

這些在地、小型、多元的展開，一旦納入國家政策就會形成制約。

Q 目前國內的地方型博物館，有哪些類別？

林玟伶 我用幾個層次來區分。地方博物館從功能型態可分為展示館、表演館、綜合館；以呈現內容而言，有歷史、藝術、表演、產業、科學、綜合類；隸屬層級可分成直轄市級、縣市級、鄉鎮級、私立；或以經營模式區分，例如公立自營、公立委外、私立自營。

由此來看，地方博物館的功能型態和呈現內容非常多樣。我們也可看到公營館所比較需要回應文化政策，層級則帶來規模的差異；私人館雖然可能有自己想發展的方向，但還是可以申請地方文化館計畫，補助部分發展。

林承緯 參考日本的分類來看台灣，我想會比較好理解。日本博物館目前有5738座，基本上分為三類：「登錄博物館」由法人團體支持，有穩定的人員組織，一年開館150天以上；「博物館相當設施」不限創立者，有一位常備職員，一年開館100天以上；其餘約4000座不在這些條件內的，則是「博物館類似設施」。

要容許經營上從人員到展示內容的業餘性，以及更多的實驗性。

台灣也可以從大到小看出脈絡。比較大的有宗教團體支持的世界宗教博物館、佛光山博物館，或是企業推動的奇美博物館、順益原住民博物館；社造也產生一些社區型場館，例如北港工藝坊、滿州民謠館，在歷史建築裡展示當地社造成果；還有一些比較小規模的私人館，像是雲林布袋戲館、台灣花磚博物館。

陳育貞 我想就目前地方型博物館的樣態和處境來接續。

從文化部現行計畫來看，一種是所謂的博物館，一種不是主流認定的博物館，但它有存在的機會，於是在輔導機制下成為地方文化館。當我們談到地方博物館，基本上最底層都納入地方文化館裡

LOCAL MUSEUM

了，但更值得我們關心的，是這些之外的其他。它沒被納入目前的機制，卻能產生多元樣態並發揮相當的功能，就像承緯老師說的日本那4000個館，甚至在那之外。

例如宜蘭一座玉蘭花園，因為地處湧泉帶，植株全都趴在地上。特殊的地理環境形成方便農民採收的庶民產業經濟，也反映地方信仰活動對玉蘭花的需求，因此被我們納入宜蘭博物館家族，卻在造冊時被審查委員排除。

其實地方文化館計畫本身並沒有區分地方文化館和非地方文化館，而是鼓勵多元性和由下而上共創的精神。然而這些在地、小型、多元的展開，一旦納入國家政策就會形成制約，引導某些民間單位自發性套接審查標準，以進入補助機制內，而原本被認為可以多元產生的館卻因此落選。所以如果要問這些館在哪裡，它的型態非常多元，但在地方文化館的系統裡，卻是大量的不存在。

Q 各類型地方文化館，是否應有不同定位和任務？

林承緯 公私有是比較一刀兩劃的分法，1990年代各縣市成立地方特色館，例如新竹玻璃工藝博物館、三義木雕博物館，各地也有縣市級博物館的出現。這些館都是因應政策而生，有些發展得不太好，有些走向轉型，例如桃園家具博物館，近年該館的功能及使命已交由大溪木藝生態博物館來延續。

私人館我覺得就是維持多元性。台灣的民間活力其實非常強，例如台灣碗盤博物館、北投文物館，有很多想像不到的藏家，擁有很多精彩的收藏，或很多和家鄉有關的物件保存。

陳育貞 政府體系下的博物館有具體的館舍，有一定的人力組織和經營規範，除了典藏、展示、研究、教育推廣等功能，它要用行政資源確保一定的持續性，維持在一種常態、可被認知的狀態。

地方文化館計畫鼓勵博物館成為台灣各地的文化表現，成為地方人都有機會參與的多元展開。這些分

散且多元的基地，可以和以地方政府為主軸推動的博物館形成銜接。

再來就是我提到的這兩者之外的存在，它應該要容許經營上從人員到展示內容的業餘性，以及更多的實驗性，如此博物館才有機會和地方產生連結。我們也必須接受它到某個時間點會消失或以別的方式存續，讓這個公共參與或因它而生的辯證性格被鼓勵出現，而非被壓抑、被消失。

林玟伶　2010年從事博士論文研究時，我曾經調查全台地方文化館，大部分館所都提到他們的主要任務是教育推廣。而不同的地方文化類型，館所也會有其他不同的定位和任務。有些館有收藏，例如鶯歌陶瓷博物館，任務就會多出典藏研究；有些館特別強調社區參與，例如鳳甲美術館；有些館是產業型的觀光工廠，就會強調產業研發，甚至推出文化觀光。

Q　請分享印象深刻的地方博物館經營案例。

陳育貞　碗盤博物館是為數較少的類型。1994年我到宜蘭面對的第一個社區，就是簡楊同所在的大二結，他當時是社造的核心人物，之後卻逐漸淡出，專心於碗盤收藏。我們看著碗盤從他家的一個小房間，長成一座博物館。雖然是出於個人文化想像與志趣而成立的館，但它的功能就像一般博物館，有收藏、展示、研究，也有教育推廣活動。

林承緯　我想到的是日本的鳥取民藝美術館。1936年柳宗悅在東京成立日本民藝館，引起各地共鳴。吉田璋也追隨他的理念，發掘家鄉的工藝產業，1949年改造江戶時期的穀倉成立這個館。

館內展示約五千件私人收藏，也設置「たくみ工芸店」販賣各式民藝品，體現民藝運動的精神——民藝品是用的，而不是看的。而

MUSEUM

地方博物館可以是多元多樣的，不只是一個社區，也可以是一個社群。

LOCAL

「たくみ食堂」裡所有餐具都是民藝品，因為唯有真正使用之後，才能體會民藝的美感。

這個館充滿某個時期的浪漫理想，後來的經營者也忠實延續創辦理念，我覺得是非常有意義的典範。

林玟伶　我很喜歡英國布里斯托的M Shed，除了因為它是1950年代的港邊倉庫改建而成，它講述地方的故事，展示內容也由地方的專家與社群合作創造。常設展分為三個主題：布里斯托這個地方、布里斯托的人、布里斯托的生活，也跟上地方相關議題，例如最近一檔展覽是關於布里斯托障礙權利的行動主義發展。M Shed將自己定位為一個新型態博物館，它具有博物館的功能，同時也非常有地方性。

無家可歸博物館更另類一點，它沒有實體建築，它的重點在人。這是一群對所謂的無家文化有直接經驗的人所創立的，他們要創造出一種無家文化社群，而不是一個機構化的組織，以博物館命名，是意識到博物館的獨特性。他們和很多館所合作，利用博物館的各種功能，分享有關無家者的歷史與文化，挑戰當代社會對無家者的系統性歧視。它解構了很多傳統博物館的框架，我覺得這也是一種很特殊的小型博物館經營案例。

陳育貞　這讓我想到阿媽故事館。鄉村女性普遍缺乏主體性，宜蘭有一群人因此開始發掘在地阿媽的故事。雖然2010年組成至今尚未找到建館空間，但各種活動和展示持續發生。地方博物館可以是多元多樣的，不只是一個社區，也可以是一個社群，以宜蘭為範圍號召，也和台灣其他地區形成連結。

Q 曾以何種方式，陪伴或參與地方博物館的形成過程？

陳育貞 我所熟悉的宜蘭，在還沒有地方文化館的年代就有類似的操作。1980年代末我們參與蘭陽博物館的規劃，同時展開類博物館路線，其實這就是玟伶老師提到的生態博物館。我們提出「宜蘭就是一個博物館」，以蘭博為核心館，底下各個衛星館互相串連並長出各種可能性。

我們也發動「宜蘭博物館家族」行動。從民間自發式的相互採選，盤查是否存在文化脈絡的可解讀性、地點的可接近性，以及相關人士的引導。至於它有沒有具體的房舍和解說牌、這個人的角色及關聯性、有沒有經費維持運轉，就放在最低層次看待。後來我們將這些類博物館集結成手冊，也成立協會。這樣的操作成為當時文建會很重視的討論基礎，2002年也銜接上地方文化館計畫。

林承緯 宜蘭經驗確實是地方文化館政策前期很重要的一部分。

2011年我參與黃金博物館的區域活化，這次經驗我稱之為「文化資產的無形性再利用」。

館舍境內的金瓜石神社遺跡是1898年日本礦業業者興建，和幾個重點礦坑有關，這個連結有助於地方館本身特色的再強化。我們藉由資料性的梳理，包括神社遺址的精確調查和在地長者訪談，也到日本島根做神社信仰源頭調查，發現過去祭典活動中的一些台日合作。以祭典節慶形式為基底，我們舉辦戶外教育推廣活動，重現神轎在聚落裡活動的樣貌，並延續策劃「金瓜石神社與山神祭特展」。推廣活動在館方接手後，也續辦了幾年，讓文化在動態工作中逐漸立體化。

林玟伶 我和兩位老師比較不一樣，是從研究者角度進入。從博論開始深入參與研究國內地方文化館，後來也有幸擔任文化部相關計畫的輔導委員，有更多參訪這些館所的機會。

之前受邀到屏東擔任地方文化館諮詢委員，拜訪霧台鄉魯凱族文物館、獅子鄉文物陳列館。它們都在部落裡，編制都在五人以內，但都可以感受到館方的熱情。除了定期辦展覽，典藏甚至搶救部落文物，做田野調查建立研究資料，也提供櫥窗販售部落工藝品。即使規模很小且資源非常有限，這兩個館都盡可能和部落產生連結，讓我非常驚艷。

Q 認為什麼是理想的地方型博物館？

林承緯 我覺得是和地方一起呼吸與互動。它不只是一個好的地方展示館，而是地方人在館內也可以找到一個符合他想像的、讓他感到最真實且自在的場域。

不只是一個好的地方展示館，而是地方人在館內也可以找到符合想像、感到最真實且自在的場域。

陳育貞 地方文化存在於多元多樣的生活場域，地方型博物館超越專業框架，凸顯在地觀點和經驗性的知識、技能，容許在地人盡情發揮。由類博物館網結而成，並且有機生長的地方型博物館，應該是最理想的。

林玟伶 從博物館端和從民眾端來看，可能有點不一樣。

從博物館端來看，應注重公共性和文化平權。地方型博物館特別強調的是關注地方議題，為了和在地社群有更緊密的接觸，也要重視賦權。館方必須釋放因專業性掌握的權力，讓更多社群參與其中。

至於外部民眾，大部分人把博物館視為休閒社交的場域，空間要讓人覺得好親近、舒適，也要讓民眾找到文化自信，不會覺得展示內容有距離感。最後就是積極參與的機會，包含共同策展、創作及想倡議的議題，可以在這裡被看見。

Q 最後，請用一句話說明地方博物館的核心價值。

林承緯 做為地方知識輸出的平台，把地方送往未來的轉運站。

陳育貞 養護並發揚地方文化生活，促長多元社群共生、多元文化共融，建構一條有助於在地主體邁向公民社會的路徑。

林玟伶 1972年國際博物館協會提出的《聖地牙哥宣言》，所倡議的博物館發展方向：能夠以博物館為方法，讓地方議題得以發聲，進而促進地方社群的參與。

MUSEU

從一群人
出發
1 YILAN

文化生產的基地

文字—鄒欣寧
攝影—黃煌智
圖片提供—大二結文化基金會

在地居民

家園就是

從搶救舊廟、穀倉的經驗中，林莫鴻一再確認公共空間之於地方的重要性。在營運二結庄、穀倉、紙文化館等空間時，大二結文化基金會明確定義要讓地方文化館成為「創造傳統」的「活古蹟」，「除了文化資產的保存，地方文化館必須作為文化生產跟創造的基地」，林莫鴻說，「而展覽就是我們的工具」。

聽這群人說話，首先能察覺到的，是他們對過往曾發生的事，有著精準到令人咋舌的數字記憶。

衷心喜愛也認同故鄉

民國82年12月26日——這是宜蘭二結的信仰中心王公廟採用日本象集團的設計改建新廟時，舉行動土奠基大典的日子。

民國86年9月28日——這是他們為了保存王公舊廟建築，組成「大二結文教促進會」號召舉辦「千人移廟」的活動日。這一天，上千民眾共同將整座舊廟拖移，寫下日後被譽為「台灣文化資產保存重要事件」的紀錄。

民國87年8月12日——位在二結車站旁的農會穀倉，由於這群人的倡議奔走、極力爭取，在這一天被宜蘭縣政府指定為縣定古蹟。

還有一些是單純的數字。比如24，這是他們一起參與「全國社區總體營造博覽會」的天數。24天裡，他們靠擺攤販售小吃，營收近百萬，這筆錢不僅支付展館的設置費用，也做為帶領兩百多位社區居民進行社區與博物館見學的基金。事後查到活動從民國86年3月28日舉辦至4月20日，果然整整24天。

27，這是他們第一次舉行社區籃球賽距今的年份。當年他們的孩子也曾參加不同年度的賽事，如

流經社區的二結圳，透過整治和打造生活步道，成為可親的生活場域。

對家鄉社區的情感，是林奠鴻和基金會深耕多年的起點。

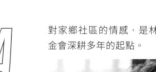

二結王公廟新廟經過多年籌建，主體已完成，目前正在籌建廂房等後續工程。

祈冬文化祭是社區內外共同參與的地方節慶活動，大旗隊是踩街時的主要視覺。

舊鐵
Bridge
二結圳
River
藝陣文化
Flok Art
王公生

今孩子們已成年，他們也成了祖輩，卻仍成群結隊，在「二結穀倉稻農文化館」和對面11號倉庫改建的「大二結紙文化館」輪番當起志工，對走進參觀的民眾熱烈介紹故鄉二結的生活、記憶、智慧——他們衷心喜愛也認同的一切。

「可惜去年籃球賽因為疫情停辦，不然我們就連續辦27年了餒」，他們惋惜地說。

成為一個地方文化的代表

「我們在這裡蹲點經營，蹲30年了，人的一生有幾個30年？我最精華的30年已經奉獻給這片土地。」坐在穀倉稻農文化館內，林奠鴻這段話不是怨尤，而是掛心二結的下一個、下下一個30年。

自從30年前因王公廟改建新廟，原是孩子學校家長會副會長的他，和其他關注地方公共事務的家長一同組成「大二結文教促進會」，希望有別於地方派系支持的社區機構，以純粹民間的力量推動二結人持續關心文化保存與文化生產的議題。歷經舊廟保存、二結圳步道構建、打造「二結庄生活文化館」為「二結人的公廳」，再到搶救穀倉爭取成為古蹟建物，其後受宜蘭縣政府委託經營二結穀倉稻農文化館，並租下對面倉庫作為大二結紙文化館，營運兩間地方文化館至今逾十年。以林奠鴻等人為核心的「大二結文化基金會」，維護與形塑二結在地文化的動能、續航力十足，雖走過漫長的30年，卻仍未顯疲態。

從搶救舊廟、穀倉的經驗中，林奠鴻一再確認公共空間之於地方的重要性。王公舊廟承載的不只是傳統宮廟建築工法，也有無形卻龐大的集體生活和文化記憶。因而在先後營運二結庄、穀倉、紙文化館等空間時，基金會明確定義了要讓地方文化館成為「創造傳統」的「活古蹟」，「它們不只是靜態的文物展示或倉庫」，而是成為一個地方文化的代表，「展現我們對地方知識的態度和理解」。

「除了文化資產的保存，地方文化館必須作為文化生產跟創造的基地」，林奠鴻說，「而展覽就是我們的工具」。

衛生紙曾經是紙廠產品，紙廠也會利用廢紙製成衛生紙，作為員工的福利品。

「紙之後」特展介紹紙廠的生產，及紙廠與社區的生活故事，如子弟學校、雜貨店等。

策展不只是完成展覽而已

穀倉稻農文化館和紙文化館的策展人林筱筑，起先也是基金會的志工，從國小開始幫忙掃地清潔的她，是林奠鴻的女兒。大學念民族系、研究所專攻博物館學，問她是被刻意栽培？她笑著搖搖頭，「真的是剛好，我學博物館、我妹學文史蒐集，喜歡的領域剛好派上用場」。

「我們策的每個展都不會只是展覽而已，而是用這個工具去蒐集在地知識和連結社群」，她解釋，雖然宜蘭的資源和人才相對較少，但在家鄉做策展工作毋寧擁有更大的發揮空間。她記得第一年策劃穀倉特展時，很想實踐「全民參與」策展理念的她，協同基金會幹部和志工一起從構思主題開始邁步，也安排一系列策展課程為鄉親們培力。

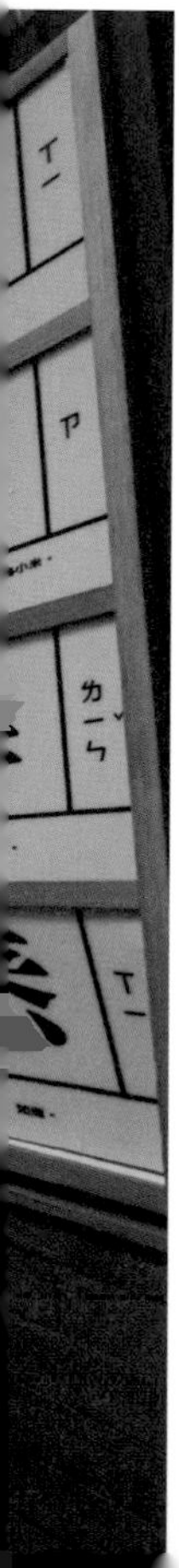

林筱筑藉由館內和行動策展，蒐集在地文化和連結社群。

在第一檔「米語：節慶與米食」和第二檔「太陽公公與黴菌

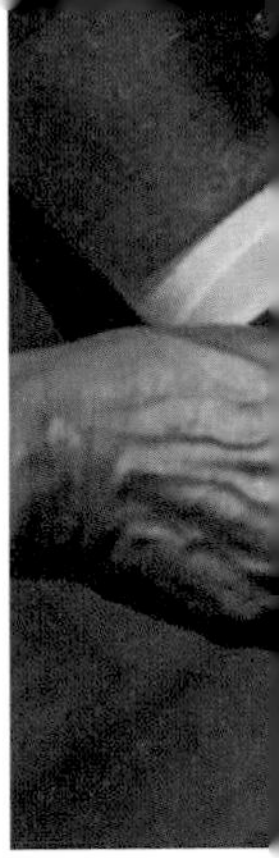

婆婆：在地醃製文化」特展後，她意識到不能再繼續眾人策展下去，「畢竟大家專業確實不在這裡，也不需要把大家都變成策展人」，於是改弦易轍，著重蒐集眾人的在地知識，透過整理、論述、展示出屬於二結在地的文化知識體系，以此延續眾人參與的精神。

「很多地方文化館自己沒有能力做展覽，跟政府簽約後又委外，但我們從營運、蒐集、撰述、策展都是一體的，不是接案和業主的關係，而是夥伴關係」，林筱筑說，目前穀倉每年有一、二檔特展，已累積十檔以上的展覽，近期更有實境解謎遊戲介紹稻農文化，也有連結東南亞新住民的米食文化展，具體實踐了他們「在地知識、在地表述」的精神。

A

穀倉稻農館內的米字集錦，展示與米相關的文字。

比親人還親的鄰里關係

秋月姐是在二結宿舍長大的孩子，而後搬到了四結宿舍居住。在她兒時的記憶裡，住在宿舍的大家就像是大家庭，彼此支持著。有人賣豬後，便會將豬血分裝給鄰里；自己收到彰化阿嬤寄來的水果，也會切好送給鄰居。除了一般日常的贈禮外，天災發生時，更能顯出大家齊心一致，颱風過後一同維修宿舍，民

志工是構成文化館的基石

至於營運地方文化館的挑戰是什麼？林奠鴻不諱言，由於拒絕與地方政治派系掛勾，基金會財務壓力一直沉重，一直以來展覽經費主要來自文化部的「博物館與地方文化館發展計畫」，但這筆經費並不足以如專業博物館機構般聘請研究員。至於日常營運，則靠長久以來的志工系統降低人事成本。當年有志一同的家長會成員，目前也有數人留任，此外也有認同基金會理念的羅東、礁溪居民前來加入志工，總人數維持在30位左右。這一群人構成了穀倉和紙文化館展覽及各項文化活動最堅實有力的基石。

在隨林奠鴻和林筱筑參觀館內、與志工團在二結圳旁短暫散步

時，對於這群人可以長長久久在一起熱心公共文化事務，總讓人有些驚奇。更大的驚奇在紙文化館，這裡展示的不是造紙方法等知識，而是二結人當年每五戶就有一家任職紙廠，因而留下的集體記憶。資深志工李宏毅也是紙廠員工，他貢獻了另一個難忘的時間：民國90年10月16日。這一天，紙廠民營化，工廠大批文獻將被清空，他通知大二結來協助搶救，就此和基金會結下不解之緣。

另一個時間在展示櫃裡。一份紙廠員工林張阿守的調查表上記錄她的家庭成員，其中，次子林奠鴻的出生日期：7月2日。原來是十二星座中據說最愛家愛鄉的巨蟹座啊！聽到這裡，林奠鴻終於忍不住露出了害羞又驕傲的微笑。

TOGETHER 協作夥伴→

在長年推動大二結在地文化資產保存與文化生產的一群人中，基金會志工絕對是要角中的要角。他們不支薪地前來值班參與兩文化館的維管和導覽工作，也協助策展、祈冬慶典以及王公藝術研究所的相關活動。

目前30多位志工中，最年長的已80多歲，最年輕的16、17歲，多數則是退休樂齡族，其中也有不少人是一路走來的基金會幹部。聽著他們坐在穀倉裡回憶此處從前還是農會的形貌，或是當年一起參與千人移廟、爭取二結圳在危險的路口設置愛心平台提供路人駐足空間……要說不感動還真不容易！

而自設立傳藝研究所與祈冬文化祭典以來，願意擱下祭祀圈疆域分明的慣習、為祈冬打破藩籬共同合作的五個在地宮廟：二結王公廟、四結福德廟、開基灶君廟省民堂、三山宮、國安廟，也是基金會重要的協力夥伴。仍在穀倉內展出的「存續—大二結文化資產保存特展」內就有當年林奠鴻前往不同宮廟拜會主委，一一交陪參詳的紀錄影像。

「出陣通常是以一間廟為主體，要透過一個活動串起他們，不是那麼容易」，林筱筑說，林奠鴻的構想是希望透過藝陣，重新建構一個屬於當代的社區網絡，讓學校、社區、民間團體一同參與。其中，長期在研究所傳授官將首、大神尪的林冠廷、藍阿田等資深藝師，將原汁原味的傳統授與學員，而「無獨有偶」、「身聲劇場」等劇團則把街舞、偶戲等當代表演藝術匯入祈冬的展演，如此細膩鋪陳策劃下，這群人將大二結文化，漣漪般層層擴散出去。

大二結文化基金會 INFO

主要分屬區域

五結鄉二結村、鎮安村、三興村

實際經營場域

二結穀倉稻農文化館、大二結紙文化館

外部協作夥伴

① 金冠神將團
② 城鄉潮間帶有限公司
③ 佛光大學
④ 宜蘭縣討海文化保育協會
⑤ 蘭陽博物館與宜蘭博物館家族
⑥ 傳統藝陣的專業老師們

內部協作夥伴類別

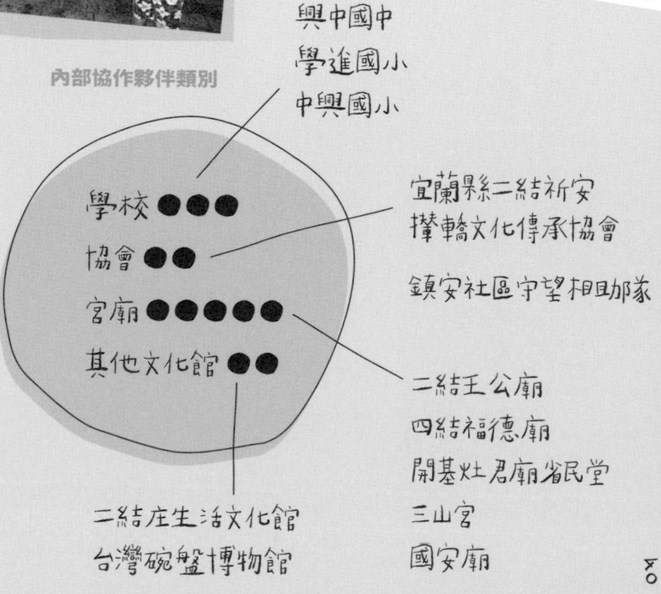

從一群人出發 1 YILAN

都說大二結基金會的起源從王公廟開始，宮廟也曾是漢人傳統的文化中心，為了復振寺廟承繼與創造地方文化的精神，基金會自2011年起提出設置「大二結王公藝術研究所」的想法，並在台灣大學建築與城鄉基金會宜蘭工作室的協助下正式成立，以大二結為基地，開辦北管、官將首、大神尪、武術、鼓陣、跳鼓、旱船、布馬……等傳統農村生活藝術和民俗傳習課程。

同時，自2013年起於立冬前後舉行「祈冬」文化慶典，邀請五個宮廟奉祀的神明一同踩街，於活動中發放紅龜粿和平安米，請民眾擺香案，也讓研究所的學員展現習藝成果。數年下來，成功跨越了不同祭祀圈與社區，每年參與人數多達六、七百人次，成為當地融傳統藝陣與當代表演藝術於一爐的重要文化慶典。

另一方面，疫情影響加上穀倉稻農文化館與紙文化館近年訪客多以外地民眾為主，讓策展人林筱筑決定在館內之外策畫「待續－宜蘭產業文化資產保存巡迴展」，採取行動博物館的概念，以一台小型貨卡駛進宜蘭縣各社區和學校，展示二結穀倉、中興紙廠、羅東林場、宜蘭酒廠等歷史悠久的產業空間，透過互動裝置等設計，對大小朋友介紹文化資產保存的重要，「巡迴當然比定點累，但效果很好，很多老師表示希望我們日後還能再去巡迴，也開啟了另一個策展新方向」。

CO-CREATE 共創成果

從一個團隊出發 2 YUNLIN

喚醒和改變地方

文字—李佳芳
攝影—許翰殷
圖片提供—雲林縣博物館與地方文化館運籌團隊

走在雲林的田間阡陌，人們以為重複無趣的風景裡，其實鄉鎮裡藏有許多農村的文化。走入地方文化館，解密雲林的地方記憶，喚醒地方的文化意識，才知道棲息在林間的蝙蝠、存在日常的詔安客家文化、老街上古色古香的茶行……每一個都是說故事的題材，都是地方的博物館。

人和館，共同運籌團隊

主持「雲林縣博物館與地方文化館運籌團隊」的黃世輝教授，在留學日本千葉大學期間，受到指導教授、同時也是「日本社區總體營造大師」的宮崎清影響，對於日本地方發展有深入研究。後來，他又接受國立台灣博物館委託，走訪調查台日兩國各地的小型博物館，發現日本國內存在六、七千個以上的小型博物館，不約而同扮演地方型文化中心或社區營造中心的角色。

黃世輝說道，「博物館從保存、公開展示、民眾參與，在民主參與機制的加深之下，進入到第四階段發展，展示當地居民成為更大的任務。」同時他也發現博物館的任務，從帶領民眾參與、發現、理解問題，到邁向解決問題，漸漸成為改變地方的核心力量。

他舉例在琵琶湖博物館，博物館為了解決湖泊優養化問題，號召當地婦女發起過濾家庭廢水的社會運動，「展覽從遙遠國度的東西變成本地所出現的問題，這就是第四代博物館最有價值的地方。」彼時台灣正熱烈推動社區營造，他想把在日本看到的實例帶回故鄉，成為地方的力量。

誠正國小加入生態復育，教室外走廊掛著「蝙蝠公寓」。

水林蘇秦村衛生室轉型的黃金蝙蝠館。

西螺延平老街文化館保留昔日茶行的建築之美。

雲林一點也不普通

在地方文化館（簡稱地文館）的概念尚未被提出前，團隊主要工作是協助地方社區營造，至1994年後台灣各地紛紛出現地文館，有以地方文學家、地方茶行、老產業等不同主題，樣態越來越多，黃世輝見時機成熟，提出組成雲林縣博物館與地方文化館運籌團隊。

運籌團隊與螺陽文教基金會密切合作推動地文館升級。

團隊負責策略、執行、調查任務的其他三名成員，是林內人的張愷倫、麥寮人的康冠翎，而四年前被徵召來協同主持計畫的王淑宜教授，則是黃世輝的千葉大學同班同學，她從社區營造研究轉入特色領域研究中心，為三峽藍染復興運動重要推手，具有豐富的國際產業交流經驗。

長期蹲點北部的王淑宜，因為計劃第一次來到雲林，「我一輩子沒有跑這麼鄉村！」訪視雲林的山線與海線，以及藏身廣大阡陌的田間地帶，人們以為「都是田」的雲林其實有很多特殊的地方，尤其很多地文館是活化老建築來營運，空間本身就很值得閱讀。「我在雲林終於看到夢寐以求的生態館可以誕生！」水林黃金蝙蝠館的成功更是令她興奮不已。

二崙故事屋在地方上扮演重要的陪伴角色。

從最小單位開始改變

介於地文館與雲林縣政府文化觀光處之間，運籌團隊扮演的角色特殊，它並非是管理單位，而是站在與地文館同一陣線，思考營運內容的可能性，並提出突破現況的策略意見。運籌團隊不具強制執行的權力，更需要以理解地方的柔軟角度切入，克服推動上的大大小小障礙。「人永遠是最複雜的問題。」談到這裡，大家不約而同相視一笑，溝通永遠是最好的解方。

為計畫跑透透的張愷倫，本身是土生土長的雲林孩子，年輕時抱著「自己家鄉自己救」的理想，在靜宜大學唸書時期即接觸社造運動，而回到家鄉雲科大攻讀文資所時，更是選擇加入社造組，積極參與社區事務，直到加入運籌團隊。

談到地文館的重要性，她認為地文館最重要是喚醒地方意識，「很多鄉下百姓不敢為公共事務發聲，以為民意代表才是他們的救世主，但其實民眾可以做自己的主人。」在二崙故事屋的經驗裡，她實際看到地文館真正幫助到在地，孩子下課有故事屋的陪伴，可以不必流浪街頭，降低走上偏路的風險。看著孩子從聽故事的小學生到國中成為說故事的大哥哥，她知道如果沒有這個空間，這一切都不會發生。

地文館很微小，卻很重要。它是社會教育、青銀共生、活化地方的重要駐點，其重要性不會輸給大城市的博物館。

橫向串聯加速成長

運籌團隊還有更重要的任務，

雲林故事館的人才培育成果分享會。

就是扮演橫向串聯的平台角色。王淑宜說：「地文館有成熟與初階之分，橫向溝通可以使大館帶小館，並拓展自主營運之外的經驗。」

此外，運籌團隊對於專業領域有深入研究，保持分享國際發展趨勢，規劃見學與增能工作坊，也可協助地文館成長。例如，在國際博物館日舉行國際線上講座，邀請日本博物館、地文館、地方學專家分享經驗，把知識從遙遠的地方帶到大家的眼前。另外，也開辦自媒體經營訓練，使經費有限的地文館，可以應用網路宣傳行銷。

去年，運籌團隊推動數位典藏計畫，把各地文館的館藏物件拍攝成影片上線，另外也開Podcast頻道「館你的！雲林」，邀請各館上節目分享故事，配合Podcast錄音

運籌團隊安排地文館夥伴，一起到苗栗蘆竹湳古厝觀摩。

延平老街文化館加入平原社區大學，把空間化為民眾教育的課堂。

剪輯課程，吸引地文館投入新行動，自己錄自己的節目，得到不同的發聲管道。

找回地方的自信心

為了挖掘更多的潛力館，團隊深入許多雲林人一輩子不曾去過的鄉鎮，也看見雲林有很多文化，尚待被開發。康冠翎深深感受這份工作對自己的影響，「以前對自己家鄉沒自信，覺得雲林好像沒有什麼值得驕傲的地方，」從事這份工作後，她發現雲林其實有很多文化資產，有很多技藝、職人、產業，「當越來越多年輕人投入發揚，我也慢慢對自己的家鄉自信起來。」現在她可以大聲說，我雲林我驕傲了。

透過Podcast節目製播，邀請各地文館分享之餘，也提供不同的發聲管道。

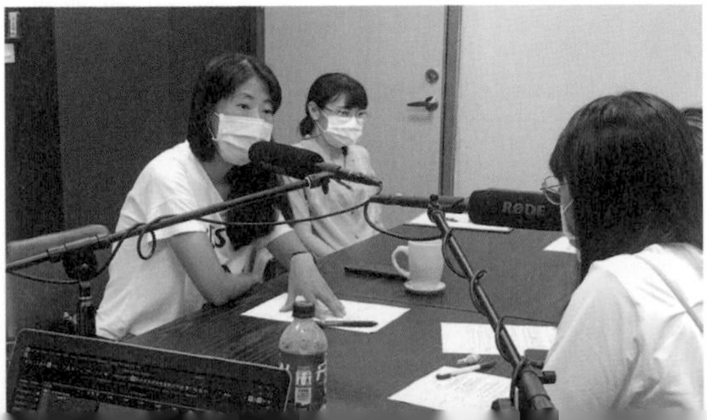

有策略地建構理性、邏輯、硬體的左半腦，激活感性、創作、軟體的右半腦，

並且開啟不同整合協作平台，使地方與地方的大腦可以對話，擦出更大行動火花。

2016—2022

整合協作平台時期

推動「雲林歷史文化館聯盟」、「故事無國界」、「地方記憶風華再現」、「雲林生態向前行」等多個整合協作平台，強化地文館的跨域整合能力，幫助建立文化行銷的體驗機制。例如，「雲林生態向前行」整合協作平台計畫串聯黃金蝙蝠生態館、雲林縣野鳥學會，以及具有地方生態保育意識的其他單位，如保護白海豚的台西活力海岸、保護八色鳥的湖本生態合作社、保護紫斑蝶的成功國小與林北卡好數位生活館，推展雲林最在地的生態保育。

2017—2022

地方學時期

地文館是貯藏地方記憶的重要空間，囿於地方缺乏專業研究人才，無法深化搜集與梳理地方記憶，對此運籌團隊提出培訓民間研究員的方法，協助各館強化對地方知識、文化、歷史的連結。在西螺延平老街文化館的操作經驗裡，對內培訓原有的導覽志工搜集研讀歷史資料，對外召集有興趣研究歷史文化的住民，共同組成「西螺小學堂」群組，至今持續研究西螺的常民文化。

位於詔安客家聚落的二崙故事屋因為面向群眾與目標不同，採以較軟性的作風，持續13年走入社區採集故事，並把素材轉化為繪本創作，使民眾從不習慣參與活動到成為說故事志工、創作人、導覽員，凝聚社區對於地方文化保存的意識。

把地文館視為貯藏地方記憶與知識的大腦，運籌團隊如同刺激神經元的電波，

2002—2009

泥地探索時期

2002年地文館政策正式啟動，2009年團隊即投入規劃輔導，成為協助地文館的運籌團隊。在正式投入地文館的13年間，運籌團隊的前期任務主要在結合閒置空間再利用，走踏鄉鎮挖掘可發展地文館的空間，其中也會發現由民間單位運營多年的空間，像是螺陽文教基金會成立的西螺延平老街文化館即發展相當成熟，「有的已經能展示豐厚的地方營造成果，有的則是設立之後才開始累積。」黃世輝表示，面對不同成熟度的地文館，運籌團隊身為外部智囊必須因地制宜，提出不同的創意策略。

2008—2015

文化生活圈時期

跨越鄉鎮地域的界線，把民間、公立、公辦民營的不同團隊串聯起來，使「點」與「點」可以連線，並且擴散成為「面」，發展文化生活圈，幫助發展人文和旅遊產業。例如，土庫街區主題小旅行串聯土庫庄役所、土庫故事屋、土庫第一市場、中山堂、土庫鎮多功能文化展演館，並聯合地方商家與廟宇，成為完整的歷史文化體驗場域。

黃金蝙蝠生態館

黃金蝙蝠生態館位在水林鄉誠正國小旁，建築前身為60年代興造的蘇秦村衛生室，在誠正國小教師張恒嘉的發起下，轉型成為黃金蝙蝠生態館，是亞洲「唯三」具規模的蝙蝠生態館。

張恒嘉表示自己原是研究鳥類生態，因為水林地方流傳的蝙蝠傳說，開始注意到當地蝙蝠生態受到人為干擾因素，有明顯數量銳減的現象。在校長與NGO團體的支持下，張恒嘉在學校場域發起創作，把校門口模擬為蝙蝠深山棲地的山洞，並在運籌團隊的協助下媒合藝術家美化涼亭，彩繪黃金蝙蝠喜愛的大葉欖仁與黃錦枝幹，並用食衣住行育樂的擬人插畫，使人看見蝙蝠的有趣姿態，提醒人們給予蝙蝠多一點支持。

「因為擔心醫療服務會被剝奪，地方居民剛開始是反對的。」在持續溝通下，居民發現蝙蝠館仍兼醫療據點，且空間改善有助服務品質提升，再加上蝙蝠館的名氣帶動，吸引許多親友重回故鄉，才漸漸轉變態度。如今，蝙蝠館得到九成以上居民認同，不只校園成為生態保育的基地，更得到角頭廟聚保宮的支持，在社區廣植玉蘭、無患子等樹種，成立全台最大的「蝙蝠公寓」（蝙蝠巢箱），同時倡議水林農夫走上友善耕作，期待「蝠」氣再回來。

西螺延平老街文化館

西螺延平老街文化館的靈魂人物何美慧，也是西螺最早發起老街保存運動的人，從自宅「螺溪齒科」向老街住民倡議修復，後又投入保存「捷發乾記茶莊」，並把老茶行轉型為西螺延平老街文化館，成為雲林縣第一座地方文化館。

走入文化館，老房子裡瀰漫濃烈的歷史氛圍，悉心保存的帳冊與茶章等老件，都是訴說西螺在地故事的重要證物。這裡既有豐富的文化內涵，但何美慧卻不拘泥於空間的老，反倒認為「激盪」是更為重要的事。「一個湯品要好吃，除了本質的食材要好，也要有外部的調味來刺激。」在一年十檔期的展覽裡，不只來自雲林藝術家與地方工藝者，有1/3是邀請和場域契合的非本地藝術家，在裡外激盪下推動地方進化。

為振興西螺老街，文化館成立背包客棧與古蹟民宿，投入文化出版與走讀活動，為了培力地方參與者，開辦導覽、木工修復、茶席課行之有年，近來更加入成為「平原社區大學」的一份子，既有廂房成為民眾教育的課堂，更加發揮文化基地的功能。以日本倉敷的大原美術館為理想，文化館期待可以登錄為私立博物館，同時也持續把修復空間的經驗發散出去，現在著手募資修復街上老牙醫診所與老電器行。

雲林地方文化館 INFO

主要分屬區域

虎尾、西螺、口湖、斗六、斗南、水林、褒忠、崙背、二崙、林內、古坑、大埤、北港

地文館類別＆數量

傳統技藝 ……………… 1個
藝文展演 ……………… 5個
歷史人文 ……………… 2個
環境生態教育 ……… 2個
繪本故事 ……………… 3個
漫畫文化推廣 ……… 1個
詔安客家文化 ……… 1個

（以上數據以110-111年度獲計畫補助館舍統計）

經營團隊類型 財團法人

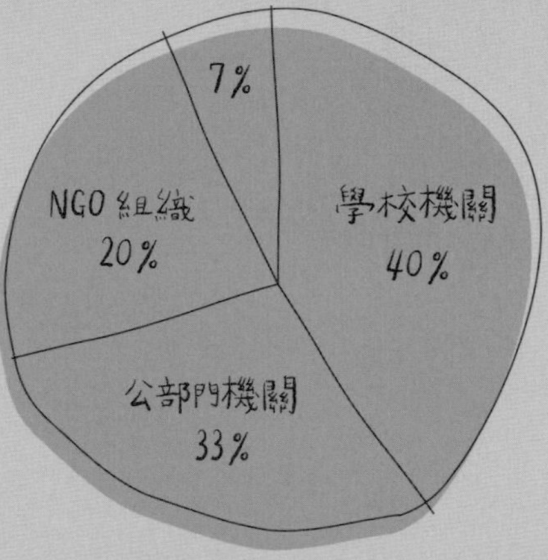

OUTPUT 共創成果

二崙故事屋

二崙故事屋以學校與家之外的陪伴角色進入社區，從單純只是為孩子們說故事，到走入社區採集故事，漸漸成為二崙鄉詔安客家文化的保存單位。

主持故事屋的劉珮儀是二崙媳婦，因為返鄉從平面設計師轉為投入地方文化工作，她談起早年推動的辛苦，主要在於民眾參加意願不高，且這裡大多的長輩都是農夫，宣傳必須仰賴最傳統的人情網絡，故事屋必須要走出空間找受眾，甚至為了配合村民白天下田的生活作息，還曾持續一年改為夜間開館。「那時我都要拿黑金剛喇叭巡迴18個村莊去宣傳，後來才和村幹事合作用廣播放送消息……到現在已經有固定家庭會留意我們的活動。」

從說故事走到繪本創作，為了採集地方故事，故事屋也舉行夏令營，帶孩子走上街，認識飛馬腳踏車店、中美洗衣店、金香鋪等老店，聽地方耆老與職人說故事，從訪問、互動到一頁故事創作，最終集結成為展覽，創作很質樸，卻很能引起地方共鳴。「連80多歲的阿公都會帶孫子來看！」

在路上最有意思的發現，就是村民不為人知的斜槓技能。劉珮儀指著故事屋對面的美而香小吃部，因為走入空間才發現老闆練得一手好畫，她也順勢提出採訪邀約，成為故事屋的一檔展覽，而現在展出林春華老師的烙畫創作也是，都是「說故事」的意外收穫。

從一個館——出發——3 TAOYUAN

是我們大家的博物館

文字—邱宗怡
攝影—林軒朗
圖片提供—大溪木藝生態博物館

你聽過大溪木藝生態博物館嗎？當人們告訴你它就在大溪老街裡面，你可能會很納悶：「充滿牌樓與老屋窄巷的老街，蓋得出一間博物館嗎？」直接去大溪一趟吧，問問豆干店、木器行、選物咖啡店，甚至迎神經過的陣頭，他們會告訴你：「你已經身在博物館裡囉！」

不是他們，

武德殿與警察宿舍群藉著文資保存，活化為木博館舍。

老屋「燕居」是今日街角館「新南一二」，新南老街街區創生平台。

「我記得第一場討論會，在后尾巷藍白小屋。大家興奮提到早想成立家具博物館，於是我們提出另一種想像：『不見得是一棟大建築，或許沒有圍牆，把老街、牌樓都放進來……』」

館長陳倩慧回憶木博館緣起，是一段滿手夢想種子，不斷拋撒的過程。

民國100年擔任桃園縣文化局文化發展科科長時，她開始思考整個區域的文化發展，「政府有一個責任重點：要做上位政策。」對她來說，生態博物館就是發展大溪的上位文化政策。用這個願景，投影出當時還未存在，大家遠遠無法想像的前方。

剛好的平台，接續社造能量

從過往社造經驗，陳倩慧知道，沒有基地，社造動員的民間能量很快便煙花消散，無法落實。她必須做空間整備，大溪分局原想拆除舊警察宿舍新建大樓，在時任文發科長的她眼中，除了本就是該登錄為歷史建築的文化資產，更不禁教她想像：這些基地有沒有可能跟大溪的未來產生互動？

「這些館舍要跟地方連在一起，而不是文化局關起門來運作。」她開始跟地方居民討論：「宿舍保留對地方來說是否重要？」，答案若是，那麼，「留下來之後可以做什麼？」

文資登錄的同時啟動與地方討論，辦工作坊拋出想像種子，促生地方對博物館想像的芽苗：有無可能，大溪老街、牌樓、豐沛的民間文化能量，本身就是一座博物館？每天居住的生活空間就是博物館空間？

木博館館長陳倩慧細述與地方合作共創木博館的過程。

街角館「草店尾小客廳」藉由活動，將和平路後巷介紹給大眾。

「於是我真的有一個責任，我得想出讓地方居民參與的策略。大溪20幾年社造經驗，很多組織，如何讓這些組織在生態博物館架構下，各有發揮？」博物館會不會是一個剛好的平台，讓大家能合作於其中，將已臨瓶頸的社造能量再度往前推進？

在街角，文化生活現地展演

社造人加入博物館專業，彷彿特別擅於研發出讓地方居民參與的策略。陳倩慧帶著團隊不斷和地方討論，越發感覺不該將文物鎖在展廳，而該在生活現場，透過居民口述與生活實踐，去展演、轉譯。但要如何讓大家體認到這件事呢？「當時就覺得可以先用街角館的概念來談」，這為木博館的後來發展找到關鍵策略。

當時宿舍群還在走文資程序，街角館打頭陣上場，既定調也踏出逐步開館第一步。民國101年底「匠師的心願」木藝特展，借多間木器行暖場試行，首度點狀展覽，成果展記者會上，就打鐵趁熱丟出「大溪木藝生態博物館—街角館」名號。

第一年，四間街角館都是木器行，但隔年就收到「不是木器行、不在老街，可以加入嗎？」的詢問，加入稻場、打鐵店等，增為九間。104年初，木博館正式掛牌開館時，便以「1+9」：壹號館加九間街角館，館方串地方、地方挺館方的方式，攜手牽起一張博物館網絡。

「新南一二」最後一進的獨立書屋，主要消費者是在地居民。

大房豆干黃淑媛為街角館與陳倩慧討論新年度教案設計。

30+1個館長，同一目標各有方法

隨著網絡節點逐年密集，今日走在大溪街上喊一聲「館長」，可能很多人回頭。陳倩慧說不只她，街角館每個主人都是館長：「主題跟如何經營是主人決定，不是博物館。主人自己擬年度目標跟經營內容，就是對館負責的館長。」

只要符合公共性、公益性與知識性，博物館就會以經費補助、媒合資源來培力支持，無論內容是空間展示、故事整理、教推活動，或者出版品。「剛開始大家都不知道怎麼提案，得從『如何擬定目標』這樣的課開起。」館員林依靜回憶

鳳飛飛故居位在慣稱「迷宮巷」的大溪老街后尾巷。

「三和木藝」參與街角館後，從代工廠轉型為木藝教學。

初期，除了地方上熱心投入的核心人物之外，「真是不知道再去哪裡找人」，只能把街角館說明會簡章做成海報，挨家挨戶拜訪。

但開館不過兩、三年，有些館已經成熟到足以發揮所在區域核心館的角色，提出的計畫會納入地方網絡，或在他們的區域號召更多夥伴加入街角館。甚至，今年31家街角館中，僅19家申請補助，許多資深館自募／自負財源，將資源留給後輩。

大溪無法切割，共學繼續走

壹號館開館時，博物館文宣上沒有畫到中正路，當時曾引來抗議，「但那表示他關心，而且仔細

看了文宣，如果不關心，我們反而無法成為夥伴。」館員詹雅如接著舉出因為淡漠而難以同行的例子：木藝產業。

詹雅如自文化局時代就加入，早期負責木藝產業：「某次想帶大溪的人去日本展出作品並參觀國際家具展，只要交作品，我們就審酌補助經費，一家家拜訪，許多卻連試都不試就放棄。那次把產業困境體會到了，不知道怎麼施力。」產業沒落，就會不關心，對未來也難有想像。

但是博物館為什麼要介入產業？「我們無法改變產業結構」，詹雅如說，「但是生態博物館既然談生活與生產，環環相扣，產業就無法切割。我們至今仍在嘗試引入外界資源，就看誰有意願進來成長」。

成為博物館一員、成為大溪人

博物館學出身的林依靜，曾循傳統「典藏、研究、教育、推廣」與地方工作，如今改變看法：「沒必要將傳統概念套在他們身上，沒有展示，但是融會入商品設計與經營思考，早已不只是空間切割這麼簡單」；詹雅如的改變則身體力行：直接在大溪買房子，「我也是鄰居了」。

館長陳倩慧自承六、七年來目標與方法都一直在調整，眼看「博物館同仁與街角館館長也一直在成長著」，她強烈體會：「不是輔導，而是共學」。

大溪人，繼續共學吧，因為「我們都是博物館成員」。

右／大房豆干以美食地圖串起區域夥伴，向觀光客介紹街區。
左／創館館員林依靜與詹雅如，與地方不斷討論過程中共學成長。

只要仍然記得
這裡的生活便沒有消失
當擁有彼此
這裡成為家
這裡的時間好長
長到我們用一輩子想念
窗內的光
指引迷路的我
家
大溪的家
到家了一直的家
後院的夕陽
每一次都不想錯過
信箱

STEP3

開放討論夥伴共學

先提口號跟願景，可以讓地方組織在籌備階段就加入博物館內容討論。生態博物館的有機性，在於過程中的開放。

「只要願意跟大家一起討論，就會有方法。」這是讓陳倩慧在掛牌後「整個組織只有館長一人」還能繼續保有信心的原因，因此她要求同仁：「所有計畫都必須跟居民、地方結合在一起，執行前都要先去跟地方討論。」

訂計畫時設想的方法能不能做？地方能參與多少？都找地方人聊一聊，像朋友聊天那樣，再回頭修改方案。從決策就收集意見凝聚共識，而不是館方決定後，交由地方執行。如此操作說來簡單，卻得耐下性子、不畏麻煩，就像詹雅如說起她的工作日常：「『我們來講一下這件事喔』一講就是兩小時……從早聊到晚，都坐不進辦公室。」

此外，街角館也是很好的開放實踐：「我願意共同來推動，但我有我的方法。」每個方法都能獲得尊重，博物館媒合資源，分享會與交流參訪則提供網絡內的互相學習。可以說，館方與地方，都從不同的位置，加入了這個共學團體。

STEP4

社造與博物館的交互挪用

過去社造曾將街區成功保存下來，但老街觀光化衍生的問題，已無法再用以前社區營造、民間動員的方式解決。博物館於是成為一個新方法，教大家使用「研究、典藏、展示、推廣」的次第方法，將地方文化資源做進一步轉化讓公眾近用。

陳倩慧以慶典組織——藝陣社頭的學習歷程為例：社頭年輕人在學習田調方法後，開始訪談自己社耆老。看到博物館同時期做的田調，又回頭想問更多，甚至申請補助計畫。「他們找到光榮感：我所在的組織有百年歷史、我做的紀錄將進入公共記憶。動力，最終來自自己的認同與價值。造人，但這次用博物館的方法。」

博物館方法放進來之後，耕耘地方的路似乎走得更長更遠、更紮實更有所本。不同於研究單位，博物館田調整理的資料不是要深入研究廟堂，而是設計適合的傳達形式，面向大眾。所創造出來的價值，除了公共化，甚至能成為活水導入產業。

INPUT串聯方法→→→

STEP1

找第一批一起做事的人

「一開始接觸地方時，自然無法接觸到所有居民，必需找出核心人物，建立核心工作團隊」，館長陳倩慧的教戰第一條就是「人」。

木博館籌備期頭兩年，透過交流會、工作坊與居民溝通，指的就是當時願意來參與、一起實際下來做的人，包括志工隊長、街角館館長。這樣的人通常在地方上也會有一定影響力，能帶動周邊。

第一階段與這些核心人物溝通，收集意見也建立共識，在對木博館有所認同後，他們便成為種子，回頭將想法播入地方社群。後續實作時，也由於率先獲得培力，他們亦能將博物館方法透過街角館實作，再教給地方上的其他夥伴。

STEP2

擘劃願景裡應外合

「籌備時，居民問我真的會成立嗎，我都說：『我們有想像就會』」。陳倩慧教戰第二條是——願景。

但是想像之不同於空想，在於各種實際的施力，哪怕只是煽風點火，終也可能發爐。市長鄭文燦剛上任時有許多新政策構想推動，但是否將博物館納入新市政規劃，仍有諸多變數。於是陳倩慧與地方頭人試著透過不同管道發聲爭取，將地方形成的力量明確傳達給市長，終究讓市長支持一夕定案，加快通過各種開館人事和軟硬體費用，並積極推動歷史建築修繕。

區域願景定下後，想像就啟動了。條條大路各自行動，連起來就是一座羅馬城。例如開館的同時，新南一二買下老屋作為基地生根大溪、草店尾小客廳館長簡秀雯成立文化協會……當每個人的家都可能是木博館的特展室或空間，每個居民就會開始想像要在家裡，講一個家族或地方的故事。

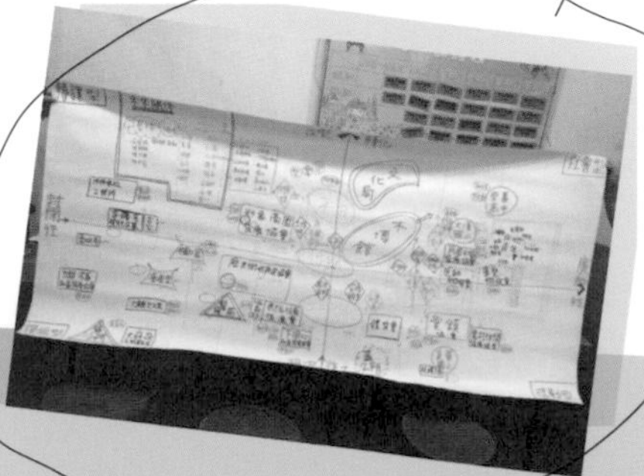

街角館 INFO

參與形式

31家街角館、4位共學夥伴
(110年度統計資料)

街角館性質＆數量

店家	11
協會	3
廟宇	1
農場	5
工作室	7
民宿	2
觀光工廠	1
信仰組織	1

實質影響

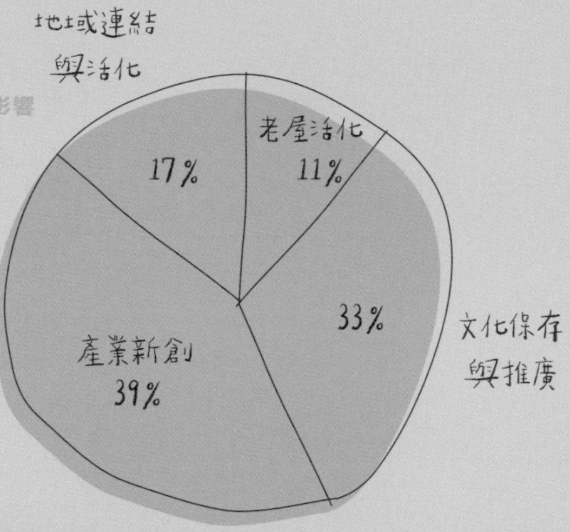

OUTPUT 共創成果

三和木藝

三和木藝位在大溪內柵，距離老街約十分鐘車程，草店尾小客廳的簡秀雯正是這裡的女兒。「就是秀雯邀我的，當時公公還在，因為她的鼓勵我就試看看。」陳百合那時是木器工廠的媳婦，眼看公公坐困木器業衰退的愁苦，公公甚至對當時還是科長的陳倩慧說：「哪有希望？」，她想，木博館或許會是希望，於是在先生林治謙的大力支持下，開始投入社區事務。

「真的都從街角館開始慢慢接觸，一步一步走過來。」加入街角館，陳百合才知道「可以有自己的名字」，開始思索自己的特色與優勢，也才注意到所處的農村環境與社區。「之前其實也有做公益，但都限於家扶這類弱勢扶助，從沒想過可以在自己的社區做些什麼。」

他們注意到社區裡留下來的都是老人，「我就跟大溪區農村休閒發展協會合作，用協會名字，但由我們來寫企劃提案、執行。單靠街角館資源還是有限，要結合各方資源。」木藝工坊前一塊農地，就是用這筆經費做成的「不彎腰菜園」，讓社區老人來種。經費不補助租金，他們就自掏腰包付地租。

「補助只是幫忙我們起跑，沒有這些，我們也要是可以付出的人。」用街角館培養出來的寫企劃提案能力，陳百合不僅找補助，還找更多人來分享，以及共創。

草店尾小客廳

簡秀雯，木博館的第一號志工、兩任志工隊長，現在是志工兼街角館「草店尾小客廳」館長。作為社區媽媽，她說自己懷抱的是「媽媽心情」：「這20年催生最大成果就是博物館的誕生，有使命感。」

會擔任志工隊長，是因為志工的排班、時數、誤餐費、交通費等事務龐雜，需要行政後台，「但博物館就那幾個人，已經忙死了，他們是一群願意幫大溪做事的人，居民都看在眼裡，那我是大溪人啊，當然要幫忙博物館上軌道。」

木博館開館同時，她成立大溪文化協會，因為知道不能單打獨鬥，要用協會與博物館合作；也跑去選里長，雖然里長沒選上，認識了后尾巷，於是有了草店尾小客廳，做和平路後巷的區域調查。儘管只有一牆之隔，相較和平路上做生意門面光鮮，後巷多勞動階層，難以擺脫地方上負面眼光，成立草店尾小客廳，就是要讓大家走進後巷，翻轉刻板印象。今夏便將以營隊帶大溪孩子認識后尾巷。

問她為什麼要做這麼多木博館的事？「我沒有把它當成是館的事，這是大溪的事，它不是外於大溪的某某機關。」不切割的博物館，居民也不願切割。

新南一二

林澤昇和鍾佩林本來是「匠師的心願」展覽設計廠商，參與木博館籌備來到大溪，是早期博物館地方輔導團成員之一。他們在中山路做文化市集，看到市集結束人潮散去，才想要經營一個空間，於是在開館那年，買下百年老屋，從第一進修起；也於是，他們成為了中山路鄰居。

短短的中山路是個小社區，很多鄰居是家庭主婦，雖非專業，也能生產小巧精緻的手作品。「新南一二」類似文創選物店，但商品來自在地夥伴，連顧客都有七成是大溪人，可以說是用商品跟販售跟地方連結的平台。「一般人不會寫計畫書，我就幫忙寫計畫書，經費下來他們就能去執行。」帶著非專業鄰居們一起經營這間店的鍾佩林覺得她只是屋主而已，「這間店真正的經營者是這一群夥伴，包括如何販售都是大家一起討論出來的。」

「這邊長輩都很有趣，但年紀大執行力不夠，那我們來做，像管委會角色。」今年的街角館計畫便是整理這條街上每一戶的故事，從街頭臭豆腐店開始，旁邊電腦店、小吃攤……讓彼此連結互動，找出大家想一起做的事。

新南一二已然成為這條街的活動中心，林澤昇和鍾佩林再也不必擔心市集結束，人將散去。

現地博物館

文字—曾怡陵
圖片提供—原典創思

打開「馬祖好神」的網站，躍出一片波瀾湧動、廣闊深黝的海洋。海洋為馬祖厚植文化土壤，耐人挖掘。在沒有影印輸出店、人生地不熟的馬祖，來自台灣本島的「原典創思」團隊如何用企劃力，一一點亮沉睡中的文化場域？

處處是說故事的場域

2017年開始，原典創思開始承接連江縣政府文化處以「整個馬祖就是一座博物館」為概念發展出的相關計畫，計畫第一部分是提升博物館群核心館——「馬祖民俗文物館」的專業；第二部分是發展「馬祖好○」系列主題，並進行與其他館舍的串聯；第三部分是主題館舍多點拓展，由文化處修復歷史空間，部分空間則由團隊協助規劃展示架構。

「我們在思考整個馬祖博物館體系的時候，對於館舍的定義沒有那麼硬。」原典創思副執行長郭美君說明，若場域具有展示空間條件，也願意活化（如金板境天后宮）；或缺乏空間條件但具文化意義（如獅子市場），就會納入馬祖博物館的系統中，不須全然符合教育、研究、典藏等博物館的正規功能。「希望參照桃園大溪木藝生態博物館街角館的精神，處處都可以是博物館，每個人都可以是說書人。」

經由系列活動的企劃，讓馬祖人與文化更靠近，透過親身參與，成為文化的保存者。「博物館對有些民眾來講，可能會覺得遙遠，所以我們想傳遞的是：其實文化就是你的日常生活。」郭美君說。「馬祖好○」系列以兩年為主題轉換，而食物，是最容易與大眾連結的方式。

第一年以「馬祖好食」打頭陣，再由其他在地生活不可或缺的元素，發展出多元信仰主題的「馬祖好神」、梳理海洋文化的「馬祖好潮」、講述戰地歷史的「馬祖好強」、收納人物故事的「馬祖好傑」和推廣教育的「馬祖好學」。

以策展為斧，入現地挖掘

探問執行層面，因團隊位處台北，逢開會、田調或辦活動才會移動到馬祖，出差頻率約莫一個月一次。由於成員是在承接計畫後才開始認識馬祖，除了事前要花更多時間進行文獻盤整、向文史工作者請益，實際進入馬祖後，也面臨諸多挑戰。

在四鄉五島開花的

郭美君說：「第一年要去認識在地、打通關，這是比較困難的部分。」透過文化處和文史工作者引介，團隊緩緩編織出在地的田調人脈網絡，又經由店家挖掘更多隱藏在民間的好手。此外，硬體資源不足也增加策展難度。馬祖缺乏大型輸出店和影印店，團隊必須先在台灣盡可能完成所有的前置作業，若有不足處，到馬祖只能依賴便利商店或文化處的設備輸出補強。「另外有些工具是買也買不到的，早期馬祖還有打鐵鋪，現在已經沒有了，都到對岸買，或用現成工具改製。」為了舉辦珠螺潮間帶的討沰活動，團隊跑了好幾個村才蒐齊工具。

馬祖人力資源有限，展示量能不足，館舍間也缺乏串聯，透過計畫資源進行擾動，用各種形式的策展讓埋藏各處的星芒匯聚成光，滋養島嶼的生命，回望過去，也與島民在當代的情境裡共作地方文化的未來。

MATSU

馬祖好食

由方言學者引路，走入馬祖僅存的傳統市場——獅子市場，導覽當季海味及在地獨特小食，體驗繼光餅夾蝦皮等傳統吃法；規劃「林義和工坊」的展示空間，呈現傳奇人物林義和、老酒和紅糟文化的故事……，「馬祖好食」從與馬祖人日常生活密切連結的飲食切入，是文化處在計畫招標之初即設定好的方向。以大溪街角館的經驗出發，希望推動店家成為美食文化館，展演地方飲食特色，由此延伸出文化館布置、短片拍攝及館際串聯活動等工作項目。

在後續的執行過程中，考量馬祖在開放觀光後，供應餐飲的店家眾多，難以兼顧四鄉五島。因此，影片拍攝方向從原初設定十間店家的介紹，調整為馬祖四季飲食文化的田調紀錄。由於是第一年執行計畫，團隊才剛開始累積對馬祖的認識，掌握度還有待磨練。郭美君回憶，在審查田調紀錄影片時，就有委員認為不夠到位。「第一年拍攝的老酒影片，被質疑釀酒畫面怎麼會出現塑膠桶？不夠傳統。」於是第二年又找傳統釀酒、濾酒等器具，重拍一支影片，「因為我們是外來團隊，當時對地方還沒有那麼熟悉，會面臨到這些挑戰。」馬祖人

隨興的個性也為影片拍攝增添變數，「約定前一兩週要三不五時提醒，甚至當天都還要確認：『我們就要到囉』，搞不好還會不在！」

在實體活動方面，為了展現馬祖傳統飲食特色並促進店家串聯，除了在馬港圖書館舉辦「冬日好食－傳統飲食文化特展」，也在店家林立的馬港光武街舉辦下午茶會。郭美君說明，原本的設定是邀店家轉型為美食文化館，但店家未必具備空間條件，加上多半專注於生意的經營，不見得有意願擔負文化推廣的角色。於是以交流為目的的店家下午茶，成了考量可行性及成本效益下的替代方案。

熱鬧的光武街為此封街設桌，以老酒、高粱酒瓶插上在地採集的花作為裝飾，擺滿街上店家烹調的特色料理，如：紅糟雞肉串、魚丸、餛飩、繼光餅、鼎邊糊等，以及隔壁村的老酒。傳統飲食文化走出展館，讓參與者透過店家口述的活生生故事以及味覺感受，在食物和酒飲催化下，將富有溫度的文化印象植入身體。

實際工作人數與分工

PM …… 1人｜企畫 …… 0.5人｜執行 …… 1.5人
影片拍攝及美編 …… 外包

團隊事後談

Q ｜最喜歡展覽中哪一部分的內容和原因。

A ｜「記憶中的討沰（討沰指在潮間帶採集螺貝，馬祖方言）圖」由曾獲馬祖文學獎多項類別首獎的馬祖珠螺人劉宏文帶路，導讀自己的作品〈玉珠的蠣啄〉、介紹討沰的工具及習俗等，也實際走訪珠螺潮間帶，最後以共享螺貝料理作結。「活動的層次很豐富，有文學導讀、潮間帶討沰體驗還有料理品嘗，即使沒人報名，我自己也會很想報名參加。」郭美君說。

Q ｜如果能重策展，最希望改善哪個部分。

A ｜最希望改善「冬日好食－傳統飲食文化特展」的展前溝通。原規劃用掛軸介紹飲食文化，但開展前約一週，館方要求要有實體物件的展示，於是團隊倉促找來實體的魚麵、繼光餅，用黏土模擬搓丸等來補救，也壓縮到宣傳的時間。若能重新策展，將以展場模擬圖取代平面圖，幫助決策者評估，有效地在展前達成彼此共識。

Curating Info

執行年間

2017 ～ 2018年

線上線下內容

第一階段　2017.09 ～ 2018.05

飲食文化盤點（訪調、影片企劃）→拍攝冬日好食10支影片→展示與活動企劃→產出「冬日好食－傳統飲食文化特展」、「馬港下午茶－館際交流分享會」2場活動

第二階段　2018.06 ～ 2018.10

春夏飲食田調（含邀請文史工作者書寫4篇故事）→拍攝春夏好食5支影片→企劃「林義和工坊老酒紅糟」主題展示→企劃執行「記憶中的討沰圖」、「獅子市場採買趣」2場主題活動→「馬祖好食」網站建置及維運

「跟神明有關的節日，在地人都會熱情參與。馬祖人平常都很忙，尤其觀光旺季都在忙生意，可是遇到元宵節，馬祖在地人甚至旅台鄉親會特地回馬祖，為的是幫神明過年。」郭美君指出信仰與馬祖人的緊密關聯。

由於馬祖人依海為生，對難以預測的大海存有敬畏之心，只要能夠庇佑豐收、生死平安，不論是從原鄉引入、水流屍或動物神等神明，都成為馬祖人的祭祀對象。馬祖信仰的多元性也增加前期資料蒐集的難度，團隊內部先梳理既有文獻、諮詢文史工作者，再經由田調獲取文獻上看不到的珍貴細節，藏於北竿周家的藥單即為田調所得。玉封蕭王府是北竿境內有引入扛乩文化的廟社，由周氏先人從泉州引入，早期信徒若患上難纏的病，會以扛乩為媒介，向廟內奉祀的南京先生求取處方籤，神轎就會在藥單上點出藥方和分量。過去周家一樓就有開設藥鋪，是信眾常取藥的地點。

2020年，原典創思搭配玉封蕭王府主辦的擺暝文化祭，在前方廣場策畫為期兩天的特展「玉封蕭王府—蕭王爺帶路」，帶領民眾認識信仰的源流、祀神等，並設計藥鋪的互動體驗，讓民眾了解扛乩求藥的歷史。由於擺暝文化祭是馬祖最具代表性的祭典之一，許多觀光客會特地前往參加，也順道看展。

周家老少對於展覽內容也非常好奇，大人會認真看展，在展示的乩將芳名錄前七嘴八舌地指認家族成員。小孩則一直晃到攤位上，甚至幫忙顧攤，傳遞扭蛋機抽到的處方籤給民眾。為了玩扭蛋、蒐集獎品，有周家小孩一天可以造訪四、五趟，當時號稱是全馬祖第一台的扭蛋機，也成為吸引當地人觀展的誘因。

Curating Info

執行年間

2019～2020年

線上線下內容

第一階段　2019.06～2019.12

信仰文化盤點與整理（含邀請文史工作者進行故事書寫4篇）→好神網站建置→企劃執行「金板小學堂－記憶中的小學」、「馬祖陣頭桌遊工作坊」2場主題活動→金板境天后宮主題策展

第二階段　2019.12～2020.02

進行前置、訪調、企劃→在北竿塘岐玉封蕭王府廣場，舉辦「玉封蕭王府－蕭王爺帶路」特展活動

第三階段　2020.03～2020.11

持續維運好食、好神網站（好神新增三個專題，另邀請文史工作者進行好食、好神故事書寫各2篇）→企劃活動、展示、摺頁設計→在南竿福澳華光大帝廟西廂房舉辦「認識馬祖好神－臨水夫人信仰文化」工作坊→結合文化處「牛角做出幼」活動，在牛峰境五靈公廟海堤廣場策畫舉辦「婦幼守護神－臨水夫人行動展」

團隊事後談

Q｜最喜歡展覽中哪一部分的內容和原因。

A｜2019年策畫的金板境天后宮文物展為常設展，是郭美君喜愛的展覽之一。金板境天后宮有現成可供展示的廂房空間，讓民眾在歷史場景中直接感受空間述說的訊息。「如果要到另外一個文物館去認識馬祖的信仰文化，可能看完就忘了，因為參觀者根本就不在廟的空間裡。可以拉到現地說故事這件事，我們覺得是重要的。」

Q｜如果能重策展，最希望改善哪個部分。

A｜「不管是『玉封蕭王府－蕭王爺帶路』或『婦幼守護神－臨水夫人行動展』，我們想用有趣的活動吸引大家參與，比方扭蛋、射飛鏢。」但郭美君觀察，專為遊戲而來的民眾，多半不會留下來看展。未來將設法把展覽的內容融入遊戲中，民眾必須仔細看展才能完成活動關卡。

實際工作人數與分工

PM……1人

企畫及執行．主責人力……1人

玉封蕭王府－蕭王爺帶路展……2人

金板境天后宮文物展……1人

（由其他團隊同事負責）

美編……外包、組內成員

團隊也搭配馬祖高中一年級「做出幼」傳統成年禮儀式，在牛峰境五靈公廟前廣場舉辦為期一日的「婦幼守護神—臨水夫人行動展」。展中將做出幼的「除關煞」流程設計成闖關遊戲，讓民眾透過遊戲了解傳統儀式的內涵。

除了展覽，也舉辦工作坊深化在地人對信仰文化的認識。在「金板小學堂—記憶中的小學」工作坊中，地方耆老帶領馬祖青年認識金板境天后宮曾作為教室的故事及周邊的人文軼事，再由台北藝術大學博物館研究所副教授暨所長黃貞燕引領學生分組討論。在「認識馬祖好神—臨水夫人信仰文化」工作坊中，由馬祖青年道士陳柏儒為學員介紹臨水夫人的信仰源流、祭儀，並於境內信仰中心華光大帝廟進行導覽。

Curating Info

執行年間

2021 ～ 2022 年

線上線下內容

第一階段　2021.04 ～ 2021.10

橋仔五間排展示架構初稿→與成大合作課程→五間排展示架構調整→東引劉依祥宅展示架構初稿→與東引國民中小學及在地社群「鹹味島合作社」合作「黃金島傳說：我的東引尋寶圖」工作坊→展示架構討論與調整

第二階段　2022.01 ～ 2022.10

建置好潮網站（預計 2022 年 10 月上線）

實際工作人數與分工

PM …… 1 人｜企畫及執行……1 人｜美編……外包

MATSU 馬祖好潮

2021年開始執行的「馬祖好潮」是以海洋文化為主題，目前已完成北竿橋仔五間排、東引劉依祥古宅兩間潛力館舍的展示架構設計。

橋仔五間排在民國初年落成，立面有五個開口，因此被稱為五間排，原為王家人的住家和漁獲加工廠，被指定為歷史建築後，於2021年完成修繕工程。團隊在爬梳相關資料後統整出展覽的骨幹原型，但還需田調的內容才能為展覽空間填入生命。「不過以我們的團隊規模來說，一次要產出兩個實體的展覽，工作量滿大的。」專案企劃賴若欣決定自外界引入資源，與她的母校成大歷史學系合作「島嶼生業與飲食調查田野探究」課程。由老師帶領成大學生實地訪調，以方便移動的故事箱作為導覽工具，目前仍在王家一樓展示。

如今，團隊成員對布展期間收受的善意仍記憶猶新。賴若欣說：「屋主王校長在我們布展的時候一直走來看有沒有可以幫忙的地方。那時很冷，他還一直倒熱茶，擔心我們受寒。」郭美君也記得，當時他們央請熟識的漁民黃大哥出借魚網來裝飾空間，「他還問我要用什麼網目的，這問題太專業了。」要了一次發現不夠，要了第二次後，黃大哥疑惑用量怎麼這麼大，索性到現場查看，最後捲起袖子跟著王校長一起協助剪裁、綑綁漁網。

展覽開始後，只要有人走進展覽空間，王校長就會熱情介紹。還有一位受訪者無意間闖入展場後，訝異地發現有自己的照片，默默離去又返回時，後面跟隨一大串家人。賴若欣指出這正是他們期望的景象，「我們的產出能夠讓在地人有一種光榮感，進而建立他們對地方的認同。」

同為歷史建築，也已完成修復工程的劉依祥古宅則被設定為「東引故事館」。團隊串聯鄰近東引國民中小學，引導學生手繪古宅特色。此外設計闖關遊戲讓他們認識鄰近的魚露工廠、漁民活動路線等聚落中具有故事性的地點，並繪製自己視角的東引地圖。這些內容將融入東引故事館的展示規劃中，透過每一屆學生的創作，為展示內容注入不斷翻新的動能。

團隊事後談

Q ｜最喜歡展覽中哪一部分的內容和原因。

A ｜與東引國民中小學的合作過程中，賴若欣對學生細膩的觀察力感到驚喜。闖關遊戲中的其中一個環節是讓小朋友觀察劉依祥古宅，有人指出修復後的魚形落水頭變得好肥，「他們對於自己生活的地方，原來真的是有打開眼睛在看的。」而與成大館學合作的效果也讓賴若欣滿意，學弟妹透過課程與馬祖產生情感連結，課程結束後也在計畫下次造訪的時間。「不只學生有收穫，對馬祖而言也是，可以吸引更多人來，而且是一群具有研究能力、撰寫力的學生。」

Q ｜如果能重策展，最希望改善哪個部分。

A ｜以五間排的故事箱展示來說，由於學生田調的內容很豐富，在故事箱裡面呈現很多內容，導致文字太小，團隊成員也必須很靠近、或甚至要用手機拍照後放大才能清楚閱讀。考量觀看的對象多半是在地的年長者，賴若欣提到未來的展覽會留意資訊量的控制，或思考運用其他方式露出故事箱無法呈現的內容。

館務的日常與非日常

文字、圖片提供—郭怡汝

搭乘螺旋槳飛機，越過層層雲霧，沿著豎立軌條砦的海岸飛行，緩緩地降落在這座形狀貌似翩翩蝴蝶的島嶼——金門。

我工作的博物館「金門歷史民俗博物館」，正是在具有如此豐厚文化底蘊的土地上，負責保存和展示金門先人代代相傳下來的生活智慧與集體記憶。

身為離島金門的博物館館長，最常被問到的一個問題就是「博物館館長的一天是什麼樣子？」

許多人對博物館館長的想像，是每天穿梭在不同展廳之間，檢視著高雅的藝術品和精緻的文物。不過，事實上，館長的日常會根據工作的博物館規模以及性質特色有不同的差異。大多數人想像中的館長日常，可能是類似國家級或在大都市裡的博物館，擁有數十位受過專業訓練的館員，還有豐沛的文教資源，同時可以時常接觸到跨國展覽、各式各樣的古文物、甚至是名氣響亮的大師畫作。

不過，這些印象，到了離島，可能都會截然不同。

揭秘！

褪去軍事肅殺氛圍和經過歲月更迭的金門，保留著傳統閩南聚落與僑鄉洋樓的紋理，以及如碉堡、坑道、精神標語……等等軍事遺產，島上隨處可見的豐富自然生態，都構成這座超過千年歷史小島的多元樣貌。

開箱幕後工作團隊

金門歷史民俗博物館座落在金沙鎮，周圍鄰近著金龜山考古遺址、西園鹽場遺址，與古色古香的沙美老街，充滿濃厚的人文氣息。

這是一座室內外佔地約十公頃、有二層樓挑高建築，並且包含六大常設展廳的博物館。每天從打開大門開始，就要處理大至機械設備的運作、展場的管理維護、小到文物的清點檢查、和導覽解說等公共服務的疑難雜症。

目前博物館是由16位可說是十項全能的同事組成，要運用有限的人力管理偌大的場地，同時具備各種博物館所需的知識技能，就必須仰賴短小精幹的團隊。

館內一共分為兩組，一組負責博物館日常行政、後勤與工程事項，一組則是專門辦理展覽、教育活動與典藏文物有關的工作。此外，也多虧了貼心盡責的志工們，以及各個專業認真的導覽解說夥伴協助，雖然團隊人員不多，不過每個人都是讓博物館每日能夠順利迎接遊客，最不可或缺且實務訓練精實的重要成員。

而作為館長的我，每日主要工作就是確認這些博物館的日常都能夠順利進行，讓各種行政、財務、管理和展覽計畫，都能在符合相關專業與法律規範的軌道上。有時候，也必須代表博物館出席各種場合，與其他博物館、機關或在地社區交流，討論任何可能合作的方式，來增加博物館的豐富度，除了讓博物館更接地氣之外，也讓民眾感覺更加親近。

儘管大多數的日子都是辦公日，每天要處理大量的公文、計畫、表格與會議，並不如一般人想像中的有趣。不過，和同事一起討論各個改善博物館的案件，是我每天最喜歡的部分之一，其中一項就是籌辦每一季的展覽。

Step 1 檢視資源

負責文化展演的同事們會與我一起圍繞著金門「與水有關的文化」，漫想展覽主題可能有哪些；同時也思考這些主題對應到目前博物館手上的資源和素材是否足夠，或是有尋求支援的可能，避免確認了主題而出現沒有東西可以陳展的窘境。

Step 2 確定主題

討論有哪些展覽主題是可行的之後，就會進一步依照預計的開展時間，並考量地方民情及時事趨勢，與同事們進行一場「圓桌會議」，共同腦力激盪；也因為每位在地館員都是貨真價實的「金門學專家」，總能讓許多金門過往的回憶和傳統被挖掘發現，成為吸引人的內容亮點，進一步轉化為彼此都認為有意義、也是有趣的展覽主題，例如金門水文化特展的主標題「點水成金」，就是以早期信仰民俗找尋水源為切入點，帶到寸水寸金、珍惜金門水資源的核心精神。

Step 3 收集文物及資料

為了讓展覽更加豐富、有看頭，負責展覽的同事們會開始分工合作，尋找與主題「水」有關的館藏文物、史料、影像，以及現有能取得的研究資料或參考書籍，好讓接下來的展示內容和想說的文物故事都能飽滿又生動。

一檔展覽的誕生

展覽，是一間博物館對外展現自我內涵和魅力的重要媒介之一，也是博物館向觀眾訴說在地歷史和文物故事的具體展現。然而在光鮮亮麗的展場下，其實隱藏了許多不為人知、繁多複雜的流程。在金門歷史民俗博物館裡，我們策展的流程大概可以分為五個步驟：檢視資源、確定主題、收集文物及資料、規劃設計，以及實際製作，我以今年4月底剛開展的「金門水文化特展」為例來說明。

Step 4 規劃設計

而展覽的重頭戲則是規劃設計，可說是展覽前的沙盤推演，團隊合作尤為重要。在這個階段，同事與我會針對展覽主題和目前有的史料文物集思廣益，也會諮詢相關的專家學者，一起規劃展場細節，像是：每個展示單元的內容與手法、文物展出方式、動線和空間配置等，作為後續展覽布置的藍圖。

Step 5 實際製作

最後，就會委託有關的布展公司進行製作，從展板輸出到互動體驗，甚至是VR遊戲安裝。負責展覽與機械電路的同事們，每天都會辛勤地在施作現場忙進忙出，確保一切都順利進行，並且解決過程中可能遭遇到的問題。而管理文物及設計活動的同事們也會一起加入，除了確認珍貴的文物陳列在合適的環境，也協助規劃展覽開始後寓教於樂的各種學習活動。

同時，我也會不定期到現場去巡視，大家的共同目標都是希望展覽能完美呈現在觀眾的面前。博物館裡的每一檔展覽可說都是集結了眾人的力量與心血結晶，才能夠順利誕生！

館員的繁雜日常

當然，博物館不僅僅只有展覽和活動，它也包含許多的日常維護與基礎工作。

許多人常常會問，「博物館週一休館，其他天上午9點才開門，是不是代表館員都9點才上班，禮拜一休息呢？」，其實館員和解說人員們每天上午8：30以前就必須在各自的工作崗位上待命，準備並進行9點開館前後的一切必要巡視，以確保用最好的狀態來迎接遊客。因此，8：30到9：30之間是比較容易捕獲到野生館員們在展場走動的時候喔。

此外，休館日雖然不對外開放，不過館員們也沒閒著，還是要正常出勤。這一天是檢查博物館文物、修繕機械設備，以及進行清潔工作的好時機，既不會打擾到觀眾，也能專注在一些環境和展場的細節。

寫到這裡，有些人可能會不免好奇，開館之後的館員都到哪裡去了？每一位同事其實因為各自職掌而有不同的工作內容。

我們館員最常見的日常，莫過於展覽活動相關的討論和協調，展場及文物庫房的溫濕度、蟲害巡視。舉例來說，目前博物館中展示的離島唯一重要古物〈蔡復一畫像〉，每天都必須檢查至少兩次保存環境的溫濕度和展櫃裡的捕蟲屋是否有異常。此外，有時候館員也要配合合作廠商和其他單位，勘查

博物館內外可能需要施工的場地，或是到一些想要捐贈文物的人家、傾頹老屋等現場，實際查看具有歷史年份的物件適不適合入藏，甚至提供有關的基礎保存建議。

總體來說，雖然我所在的博物館館員人數不多、展覽也多以在地文化為主，和大都市裡的博物館截然不同。不過，正因為如此，更展現在地同事熱愛自身歷史文化，以及積極將展覽結合親身經歷、並認真保護家鄉文物的熱忱與專業，讓博物館充滿著活力、人情與溫度，離島，但不離人。

郭怡汝

長期關注博物館消息，創立「不務正業的博物館吧」粉絲專頁，提倡知識共享，隨興分享國外博物館和文化相關新聞、社論與展覽等消息趣事。現任金門歷史民俗博物館館長。

一場文化再生與社區轉型的行動

文字、圖片提供—謝仕淵
插畫—徐小碧

倘若在博物館看見精彩的文物、聽到動人的故事，那一定是有個不藏私的人，願意將故事與文物跟大眾分享。每個成功的地方博物館，都少不了熱情的博物館人。

但是，如何讓博物館成為知識與記憶的分享平台，社會凝聚乃至產業轉型的啟動器，深刻考驗著那顆存乎分享的心，如何成就更高遠的公共責任。讓博物館成為大家的，成就一場文化再生與社區轉型的行動，是博物館的新功能。

然而，對於通常缺人也缺錢的地方博物館而言，博物館人在研究典藏與展示教育等專業技術的技能提升，關乎博物館能否蛻變迎接新任務。所幸，原是懷有素樸理想的地方博物館人，近幾年來在各方加持與自我努力下，不僅成就自身也讓博物館茁壯，進而促進地方文化活化與社區永續發展。

TAINAN

台灣烏腳病醫療紀念館

苦痛，與生命救贖的光

台灣烏腳病醫療紀念館門口就有個公車站，班次不算多，若是從台南的新營、佳里出發，要搭上一個小時的車程。但是，如果知道館員每週都從台北搭高鐵南下為觀眾解說，就覺得前往烏腳病紀念館的路程不那麼遠了。

烏腳病紀念館位在台南北門，一個被形容為鹽分地帶的海濱村落，早年因為居民喝下含砷的地下水而導致烏腳病。出身在地的王金河醫師治療了病患，而每週從台北南下開館為觀眾服務的人，是王金河的女兒王芳美館長。

烏腳病為台灣西南沿海的特殊風土病，盛行於1950年代，病徵是足部發黑並且逐漸潰爛，病患經常要面對截肢的痛苦。醫療資源缺乏的年代，在北門開設診所的王金河醫師，結合「基督教芥菜種會」孫理蓮女士的協助共同募款，在1960年開辦「芥菜種會北門免費診所」，邀請謝緯醫師支援外科手術，無償提供病患醫療照護，

協助患者學習謀生技能，讓病患有尊嚴的生活下去。直到1970年代烏腳病患漸少，1984年免費診所正式功成身退。

即使烏腳病防治已成為歷史，免費診所也不再提供醫療服務，但紀念館內，留下的醫療空間、器材與令人怵目驚心的截肢標本，甚或病患曾經生活的場域，搭配上大量的照片，仍可強烈感受病患在痛苦下的強韌生命力，以及王金河、孫理蓮與其他醫護人員視病如親的動人情操。那些鉅細靡遺的照片，是為了向外界說明病患狀況及欠缺的資源以便爭取支援，但卻成為今日召喚歷史的重要媒介。

2007年烏腳病博物館開幕後，吸引不少不遠千里而來的觀眾，甚至也被視為醫學教育重要的典範。在烏腳病的故事裡，醫護者的奉獻，實踐了人間的大愛、完全的利他等價值。愛護王醫師的孩子們，即使都已年高70歲以上，還是將這段歷史的分享視為職志。因為如此，位在北門的台灣烏腳病醫療紀念館，其實並不遠，人們往往參觀之後，就把這個故事放在心底了。

TAINAN

台南左鎮化石園區

菜寮溪畔的百年採集

從台南車站搭公車沿台20線往山裡去，行過20公里、約莫40分鐘，泥岩惡地出現在眼前，崎嶇的土坡通常荒涼不生，僅有野草與生命力更強的竹子點綴出一點綠。進入惡地不久，台南左鎮化石園區——一座嶄新的博物館，就出現在眼前。

左鎮惡地會有化石，是因菜寮溪的沖刷侵蝕，化石不斷被掏洗而出。但原本在地人認為的奇石，被辨識成各種化石，約莫是百年前的事。那時，有位叫陳春木的年輕人，挑水時順便撿拾石頭，後來，石頭被台北帝大（今台灣大學）的教授早坂一郎認定其重要性，陳春木被鼓舞後，開始了採集行動。

因為如此，左鎮化石園區才會在目前人口只有四千餘人的左鎮區落地生根。然而，這座博物館早在1950年代，先是以「左鎮鄉歷史館」為名存在著，陳春木是其中靈魂人物，他不僅採集化石，也調查平埔原住民的文物。他的行動在原住民文化日益受到衝擊的50年前，留下了難能可貴的物質見證。直到今日，左鎮拔馬教會、新化口埤教會等原住民部落教會，設有復振原民文化的小型文化館，都有著與陳春木早年行動的因緣。

陳春木送了不少化石給台灣各地的學校與博物館，但更多的則留在左鎮，先是放在陳春木家中供人參觀，後來都捐給了1980年代的「菜寮化石館」。2019年，嶄新的左鎮化石園區啟用，人潮絡繹不絕湧至，陳春木所開啟的左鎮化石採集行動，成為化石館、自然史教育館、故事館的展品。於是觀眾可以從菜寮溪流域前世今生、早坂中國犀化石、左鎮平埔文物等不同的議題，認識片草不生的惡地是豐富的化石公園，也是文化復振中的平埔家園。

左鎮化石園區的展示，讓惡地的文化結晶異常燦爛，讓觀眾得以重新認識台灣這座地質學定義上的年輕島嶼。博物館也是化石教育與地方文化的重要推動器，館方的化石採集推廣課程年年秒殺，周遭平埔村社的文化復振，經常借用平埔文物。而跟左鎮化石園區比鄰的光榮實驗小學發展化石教育，館校合作扭轉偏鄉教育資源不足的頹勢，創造出獨特價值。

退休後，依舊是化石館志工的陳春木，回到了自己的家，他說「如果說有什麼願望，就是能永遠看到靜靜的菜寮溪，溪水慢慢流……」菜寮溪是母親之河，是一切的給予也是所有的見證。惡地裡會有化石園區，是因為有菜寮溪，也因為有陳春木。

親手把遺忘的找回來

南下往屏東墾丁的路上，過了枋寮，公路右側就是大海，左側種著蓮霧與芒果的山坡地，是春日與獅子等原住民鄉，通常一路看著海就到了墾丁，卻不知抵達楓港後左轉往台東的路旁，有座獅子鄉文物陳列館。十年來，這座少為人知的原住民博物館，發出強大的文化復振聲響，想要告訴大家排灣族豐富的物質文化以及遭逢近代國家後的幽微歷史。

今年春天，許多人路過錯過的文物陳列館，剛完成一檔展覽——「獅潮傳藝研習成果展」，那是過去兩年來族人們研究傳統工藝成果的展現，織帶、頭飾、弓箭與

獅子鄉文物陳列館

PINGTUNG

雜物袋等已脫離當代部落日常的物件，經過田野調查實地採訪，重建材料與技術，同時也將物件所連帶的族群文化一併採集，最後形成一件件的作品，物的再造是文化的重生。

失去與找回的歷程，是一段辛苦的經驗。控制歷史詮釋就能掌握權力，在外來統治者決定的歷史中，獅子鄉的排灣族，經歷清末的牡丹社事件與日治初期的南蕃事件，國家鎮壓部落，也帶走文化，過去百餘年的時間中，許多文物離開了部落，而文化與語言也失去了傳承。

族群物件的再造是文化復振的方法，這段歷程跟2012年台灣博物館的「獅子鄉大龜文古文物返鄉特展」有關。那次展覽展出無袖短衣、踝飾、羌頭皮帽、護腿布、藤籃、竹筒、竹棒及木匙……等南排灣族人的服飾及生活器物，是一個重新讓過去的歷史與當代的部落

交會的契機，從策展過程到開展之後，文物召喚出與時間、與土地、與族人的彼此共鳴，部落觀點很快就找到對離家文物的詮釋，原來記憶只是留在心底，並沒有被遺忘。

半年後，文物返回台灣博物館，但衝擊的力量卻在部落中蔓延，他們嘗試從文物中探索部落的歷史，館員與族人們更一同開始調查舊社遺址，尋訪百年前原來的家，進而在外來者留下的歷史中，找到部落主體。過程中，有許多丹路、雙流和獅子部落的孩子，一同參與文物館活動。而原本有點凌亂的陳列館，最後也有了整齊的展場與專業的庫房。

2003年開幕的獅子鄉文物陳列館，20年走過的路，是一條親手把遺忘的找回來的旅程。那天離開前，館員用略帶詼諧的口吻，說不懂那些高冷的博物館學、考古學等學問，其實，她們早已學會，而且用自己的方式向前行。

謝仕淵

曾於國立台灣歷史博物館工作十幾年，現在則經常協助台灣地方博物館的經營。相信博物館能成為展現地方文化、凝聚在地認同，甚至共同探尋地方未來的平台。目前為成功大學歷史學系副教授。

整齊劃一中，看見不同星芒的價值

文字—蔡念儒
插畫—徐小碧

博物館給人的印象經常是理性、充滿知識性，讓人感到距離的空間。但當代的博物館有多種樣貌，每間博物館都像給人一個機會，與自己生活圈外的世界接觸。

如果願意接觸很多認知以外的事情，就正好能體會逛地方博物館的樂趣。不用有太多知識的包袱，需要的是打開心胸，接受身邊事物有不同面貌。帶著這樣的心情，就能找到許多有趣的地方。

許多城鎮其實藏著各種值得去探索的角落空間，可以稱得上是很好的鄉鎮博物館。走進不同年代建築組成的建築群，藏著許多使用者在各時空脈絡的巧思。藉由觀察環境的差異，找到各種現今留下的痕跡，理解到當時原來是這樣運作，自己與當事人的時空因此有著短暫共感，也多少踏進不同世界的領域。

東部一向給人異國情調的印象，似乎只有自然景觀或人煙罕至的部落，但千篇一律的美景祕境之外，真正的差異反而是不同聚落的生存之道。東部有著接近封閉的地域環境，一直到近半世紀才有較穩固的交通方式，這使得每個聚落多少必須自立生存。就像是星座上的不同星星，遠看可以是星座，但每顆星的光芒之下，藏著自主存在的敘事。

每個地方都有顆自己的心臟，讓聚落能自力維持下去的動力，這顆心臟通常是地方生存的共同價值，將聚落的人凝聚在這裡。在這整齊劃一的時代，這些不同價值的存在，可能是拉近與不同人們之間的另類方式。走進鄉鎮博物館，找出這些價值，也與這片土地上的人有更接近的脈動。

TAITUNG

東糖文物館

70年的東部糖業風華

自從22年前停止製糖後，台東糖廠很少會是觀光客的焦點。裡頭的東糖文物館，除了一個木製匾額外，少有人會留意到這個地方，台東大學退休的廖秋娥老師，帶著一支小文史團隊，默默整理這些東糖的文物與檔案資料。

台東糖廠的歷史可追溯到1913年，雖然不是台灣最早，但與西部糖廠不同的是，當時的台東製糖會社承擔移民、開發、交通等拓殖工作，二戰時工廠被美軍炸毀，戰後台糖接手重新開廠後，成為台東平原開發的推手，今天走在台東舉凡村落、部落、農地、鐵路和水利設施，多與糖廠有過緊密的關係。

走進文物館，彷若走入戰後台東發展的戰情室。大大的廠區圖說明已經消失的糖業鐵路如何穿梭地勢複雜的原料區，將甘蔗、稻米、鳳梨送到工廠。這些消失的地景，卻在各種藍晒圖中生動的呈現。

而這些資料來自於台東糖廠1947~2000年關廠期間，所累積的龐大公文資料。原本資料堆放在工廠內，2016年因尼伯特颱風造成廠區大淹水，差點付之一炬。廖秋娥老師和糖廠職員林添財從2019年開始，在我的協助下，進行檔案搶救的工作，陸續整理出一千多份的資料，讓人看到台東糖業將現代化事業帶入台東的過程。

TAITUNG

新港長老教會

灣生與教會的記憶焦點

新港長老教會位在成功鎮鬧區，保留這座海港城鎮在日治時期建造的名稱。

１９２２年，菅宮勝太郎來到新港擔任支廳長，參與正在興建的新港漁港。１９３２年他在鬧區建起當時少見的二層樓日式木造住宅，並在二樓設有陽台，可以眺望整個新港港口，他也在此定居，直到１９４３年去世。

二戰後，新港改名為成功，從台南來的高端立醫師接手菅宮宅邸。高醫師的父親、也就是長老教會高篤行牧師，見教友沒有聚會的地方，邀請林川明牧師來主持教會事務，將宅邸改為教會會館。高醫師於是改在旁邊建造一棟平房，設立診所，他在成功鎮行醫近50年，成為成功人口中的「老高」醫師，今天走進診所改裝的咖啡屋，仍能看到各種行醫的裝置。

隨著教友人數持續增加，林牧師開始尋求建教堂的機會，終於在天主教白冷會的瑞士籍傳義修士設計下，１９７７年建造起一棟簡潔俐落的現代風格小型教堂。

走進新港長老教會，這些日本、台灣與瑞士不同時期的建築，大致保留當年的樣貌，記錄百年來三個不同地方的移民在東部留下的面貌。從宅邸二樓，看著當年低矮的房舍逐漸高起，遮住成功漁港，只有教會空間的陳設靜謐地在此，可以看到奉獻如何成為最美的人文風景，在這海濱的漁港小鎮中，持續發光。

社區空間的改造活化

鳳林鎮向來給人緩慢、安靜的客庄印象，但這幾年，可以看到越來越多年輕人在老街上活動，幾位中壯青年在鳳林老街社區經營的店鋪，正逐漸改變這裡的景致。

鳳林曾經是東部最大的移民村，拜林業、菸業及鄰近光復糖廠所賜，大量的客家移民從西部來到鳳林找尋第二人生。當日本移民離開後，居民運用巧手結合現代工藝，將棋盤式的整齊市街發展起來，有理髮店、電影院、冰菓室、酒家等等。只是隨著林業結束，繁華消散，街道化身為安寧的社區街巷。還好房舍大多保留下來，只是去掉招牌裝潢，認不出來原來的樣貌。

「拾豆屋」的老闆鄭人壽是在地種植大豆的青農，他與幾位朋友合資將老街上的舊酒家改裝為豆花店，只在農閒與假日營業，在逐漸整理空間與家具，擺上書籍及當地農產，化身為當地人願意走入的藝文空間，讓人在吃著豆花的短暫時間，也能看到外觀平凡的平房小屋，裡面卻有著中庭、走廊與隔間，許多富巧思的設計。

這個改造工作持續擴大，最近拾豆屋對面歇業的塌塌米兼漫畫書店也加入行列，化身為賣二手書和文化活動的「蕪書店」。讓人期待接下來還會有什麼老屋，加入這個空間行列。

蔡念儒

台灣大學人類學雙修歷史學畢業，在台東生活美學館擔任研究人員。對於世界上許多事情抱持著興趣，卻想不開返鄉工作的台東人。常在花東小旅行，參與各地聚落記憶再造的事情，相信文化可以是推動公共發展的催化劑。

實踐用之美的民藝三連棟

文字、插畫—王春子

「民藝」最早由柳宗悅、河井寬次郎與濱田庄司三人，於1925年在前往紀州（和歌山縣）調查途中，將「民眾的工藝」簡化所創作的新名詞，並定義為「由職人手工製作，供一般庶民於日常使用的器具」。

1926年起草的《日本民藝美術館設立趣意書》為民藝運動揭開序章，他們收集民藝，調查各地傳統工藝產業，並指導職人改良設計、提升技術，藉以改善職人們生計。

民藝的起草開花運動

在拜訪鳥取民藝美術館前，我對民藝運動的認識僅止於柳宗悅……等人，參觀後再去查閱資料才發現當年發起運動後，日本民間遍地開花，「鳥取民藝美術館」便是其中一處。

民藝
THE MINGEI

JAPAN

鳥取民藝美術館現為日本國家指定文化財，由鳥取的民藝運動發起人，亦為醫生的吉田璋也所設計建造，裡面展示收藏他長年累月從日本各地及海外如朝鮮、中國……等國家，所蒐集而來的民間工藝品，多達五千件以上，都是庶民日常會使用的器具，能從中體會民藝精神——美和日常是一體，並在工匠所製作的日常雜器中，發掘出質樸之美。

吉田璋也。

1898年吉田璋也出生於鳥取，1931年回到家鄉開設耳鼻喉科診所，同時也致力於將鳥取一些快消失的手工藝帶往民藝之路，而後也參與了新作民藝設計，在陶瓷、織品、染製、木工、紙藝等領域設計出新民藝，直至1949年開立鳥取民藝美術館。他不限於各種民藝指導，1954年也成立鳥取文化財協會，發起對鳥取的自然歷史文化財保護運動，如鳥取沙丘的天然紀念物指定、鳥取城跡指定、仁風閣保存……因為他的熱情，諸多當地文化才能受到支持與延續。

吉田璋也的著作《民藝入門》。

伸縮木製檯燈。

吉田醫院患者用診療椅子。本業為醫生的吉田璋也設計了自己診所的建築和家具。

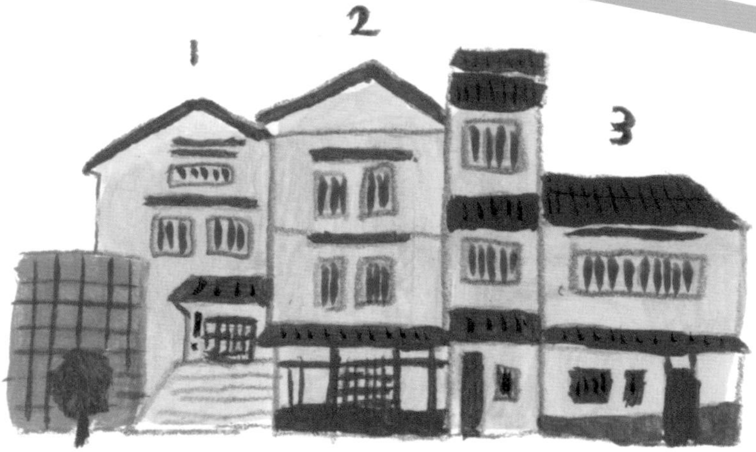

和當地的工藝家合作展示櫥窗。

民藝三連棟和別館

我前後去了兩次鳥取民藝美術館，第一次是在沒有預設下拜訪，先是參觀美術館①的收藏，又到「匠工藝店」②採購，晚餐則在「和牛涮涮鍋店」③使用民藝品並品嚐當地美食。一日下來，驚嘆吉田璋也所設計的民藝三連棟，當年竟能想到以這樣的方式推廣「民藝—用之美」，感到非常敬佩。

「匠工藝店」於1932年開設，為民藝三連棟中最早的一棟。吉田璋也一方面指導並倡導民藝，同時也了解到當陶藝家、染色家、木工家，做出足以為民藝的作品後，若賣不出去，製作者便難以維生，因此便在鳥取車站附近開設了「匠工藝店」，販售流通後，一方面能推廣民藝，也能催生新的生產和設計。次年更因成功而在東京銀座八町目開設了「銀座匠」。

匠工藝店的包裝紙。

涮涮鍋使用的短煙囪銅鍋。

JAPAN

「和牛涮涮鍋店」則創立於1962年，店內現所使用的短煙囪銅鍋，是當年吉田璋也在中國北方擔任軍醫時所帶回。在和柳宗悅、河井寬次郎的交流建議下，將食材由原本的涮羊肉改為鳥取和牛，是日本涮涮鍋的原型。那次我也在古色古香的店內，使用精選民藝品，並在古銅鍋裡涮了當地著名、入口即化的鳥取和牛肉，扎實的在生活中實踐「用之美」，五感滿足。

而位於池山湖旁的阿彌陀堂別館，需要走一段崎嶇的小山路，才能到達隱身於樹林中的建築。外觀是一間不起眼的小木屋，一走進屋內便可見明亮的三面大窗，能遠眺開闊的池山湖美景，五座小島一覽無遺，是當年民藝運動的會議現場。拜訪前，館方人員慎重的向我們介紹，這間別館因為需要預約，位置又有點特殊，開館以來只有不到一百個人來參觀過。

透過使用感受到美

鳥取民藝館的介紹中寫道：「成立的目的不僅僅是向大眾傳達民間藝術之美，也希望能藉此為工匠們設定美的典範。」

早在2003年《Casa BRUTUS特集：代表日本的工業設計師柳宗理》雜誌中，我便留意到中井窯系列的設計餐具，沒想到這次在美術館裡，能看到最早的原型。江戶時期延續下來的鳥取縣民窯，1945年開窯「牛之戶燒」的副窯廠，其特點為用天然素材燒成綠、黑、白三種鮮明對比的釉色。「邊緣無釉雙色盤」是1956年為重振牛之戶燒，吉田璋也特地拜託柳宗理為中井窯重新設計的新民藝，盤子一半黑釉、一半綠釉，是牛之戶的「分釉」技法特徵。

古民藝：染分皿。

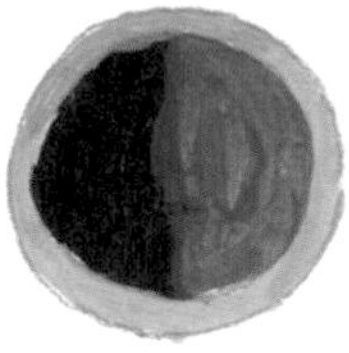

新民藝：邊緣無釉雙色盤。

後來也查到很欣賞的插畫家安西水丸曾在《小小城下町》裡提到，他對鳥取這個城鎮產生興趣，始於當年在東京的銀座匠遇見這張由辰巳木工所製作的椅子，一見傾心，無論如何都想要，當年還是新進員工的他掏盡微薄的薪水購買，後來才知道是吉田璋也設計的，使用了45年至今鍾愛。

我想有時候珍貴的工藝品會令人不捨使用，但民藝卻強調器物之於人，需要透過「使用」才能感受到美。民藝運動不僅延續了日本傳統手工製造的生命，也讓美走進日常生活。

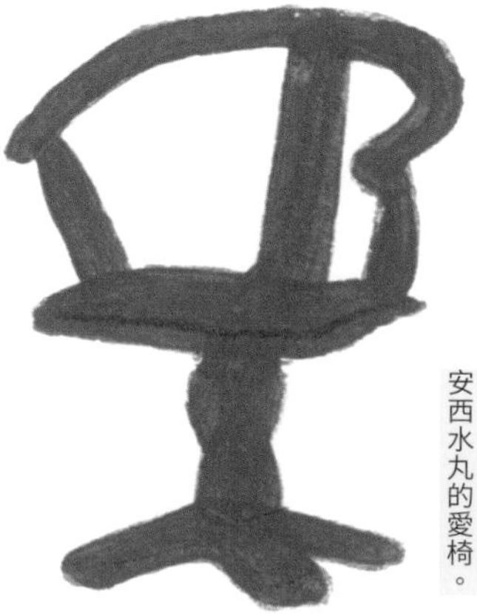

安西水丸的愛椅。

博館經驗談 QA

Q｜拜訪過鳥取民藝美術館，最大的感受？

第二次拜訪時，已準備要出版《鳥取春散策》，這回便對吉田璋也做了不少功課，越是了解越能感受到地方博物館裡有他身為鳥取人，對地方的愛，透過民藝運動不只把鳥取的民藝保存下來，也因為這些頻繁的交流使當地職人讓更多人認識並支持其創作，很讓人感動。尤其在調查生平時，發現我們的生日竟是同一天，一霎那覺得書寫鳥取是命運嗎？（笑）

Q｜有去過國內哪些地方型的博物館？

前陣子正好因為工作的關係，參觀位於麻豆的台南總爺藝文中心，裡頭正在展出「松鼠的尾巴：曾文溪的一千個名字之獵人帶路」，展覽是以獵人家族四代紀事為主要內容，現場布置了獵寮、捕獵松鼠的陷阱……加上紀錄影像及1930年代由瀨川孝吉所拍攝的肖像；一個展覽室中，有脈絡的帶出四代獵人故事，精巧的恰到好處，也像一個引路人，讓人想更深入了解認識。

Q｜一直想去拜訪的地方博物館和原因？

隸屬於宜蘭博物館家族的福山植物園。記得多年前的某天和先生開車在宜蘭旅行，那天佈滿霧氣，我們繞在一重重壯麗的山裡，隨意地繞著小路，而意外經過植物園門口。從外面探進去，裡面神秘的令人好奇，很可惜福山植物園每天只開放有限的名額，但我想也因為如此，園裡除了能欣賞原生植物，還有機會遇見山裡的野生動物們。那天因為沒有預約只好敗興離去，一直在想有機會應該安排再去拜訪。

王春子

插畫家，日常所聞來自雜食性閱讀，偏好手感、拙樸、意外、不完美的事物，喜歡在旅行中體驗各種不同的人事物。著有圖文集《鳥取春散策》、《你的早晨是什麼？》、繪本《討厭的颱風》、《大家來玩躲貓貓》等書。

JAPAN

畫外館 2 摩洛哥

一座收藏生活的民族博物誌

文字、插畫、圖片提供
一陳姝里

MOROCCO

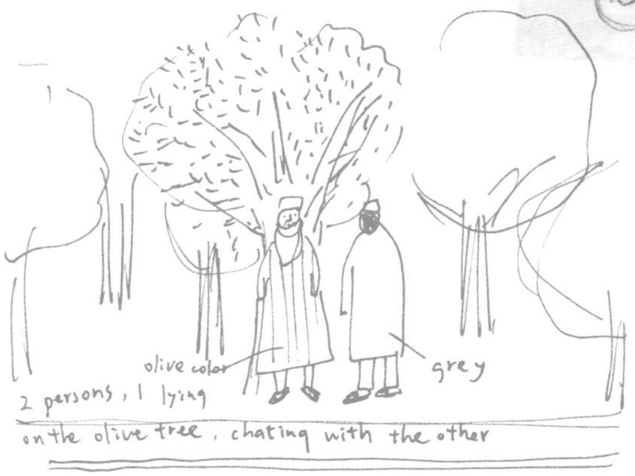

olive color
grey
2 persons, 1 lying on the olive tree, chating with the other

這樣怎麼認得出人？

2014年，我通過文化部海外藝術駐村的計畫，10月要前往西班牙巴塞隆納省的版畫藝術村「Art Print Residence」駐村兩個月。開始駐村前，要先進行計畫的另一個重點行程和研究工作——前往北非摩洛哥做田野調查。摩洛哥我安排的行程為：抵達馬拉喀什（Marrakech），向東前往梅爾祖卡（Merzouga）進入沙漠區，再往北抵達老城費茲（Fez），最後從位在東北角的西班牙屬地梅利亞（Melilla）坐船回到西班牙本島。（不過坐船這段沒有成功，後來輾轉來到卡薩布蘭卡（Casa Blanca），坐飛機回西班牙。）

關於摩洛哥的中文旅遊資訊不多，所以在出發前買了一本Lonely Planet，粗略的做了一些功課，地圖上只要出現museum字樣的，都會先被我圈起來。

Dar Batha也是其中之一。

一 雞肉鋪的圖都很可愛
一 晚餐吃了 baugutte + 炸 potato + 蛋 + tomato sauce + fanta = 15 DH
一 又吃了4串 BIBI → 10DH

店裡是一大群雞在自由走動、吃飼料(地上都是屑屑)

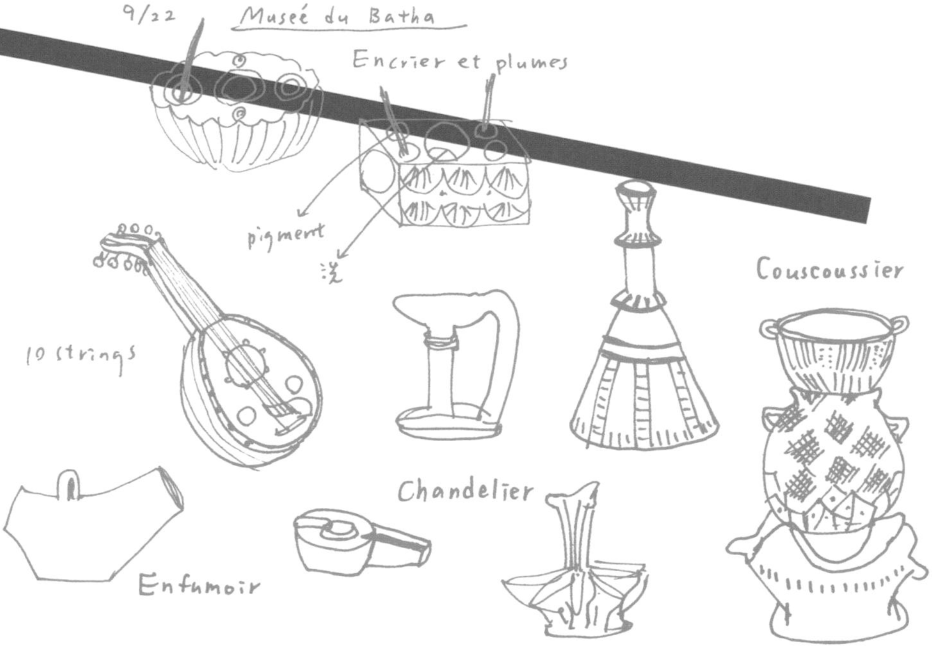

前皇宮改建的博物館

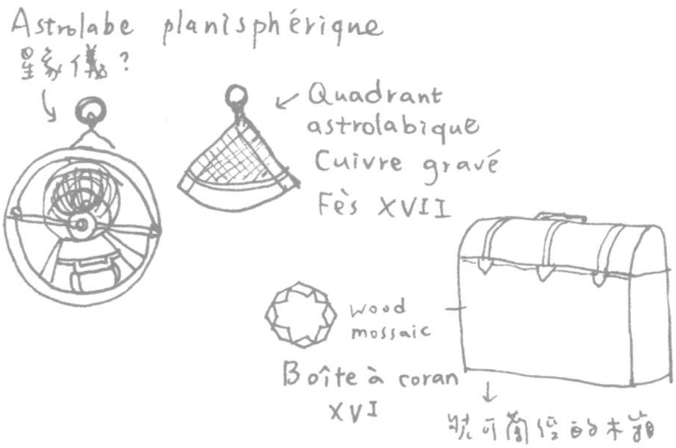

Dar Batha位在費茲的老城區（Medina），是摩洛哥前皇宮的一部分，建於19世紀末，由阿拉維①蘇丹②哈桑一世（Alaouite Sultan Hassan I，統治期間為1873～1894）委託建造，並由其繼任者阿卜杜勒阿齊茲（Abdelaziz，統治期間為1894～1908）完工。

皇宮的另一部分更為廣大，緊鄰在Dar Batha西邊，稱為Dar al-Beida。兩個區塊曾經相連，不過後來闢有街道做區隔。Dar al-Beida現在作為王室的夏日宮殿和招待來賓的地方，不對外開放。

Dar Batha於1915年變為博物館，被定位成民族誌博物館和文化中心，藏有豐富的摩洛哥藝術、工藝品和歷史物件，例如：木頭工藝、傳統馬賽克磁磚（zellige）、雕刻石膏製品（tadelakt）、刺繡（fassi embroidery）、柏柏人③編織的地毯、舊錢幣、古董樂器、用於觀測天體的星盤與科學儀器等，共超過六千五百件藏品。

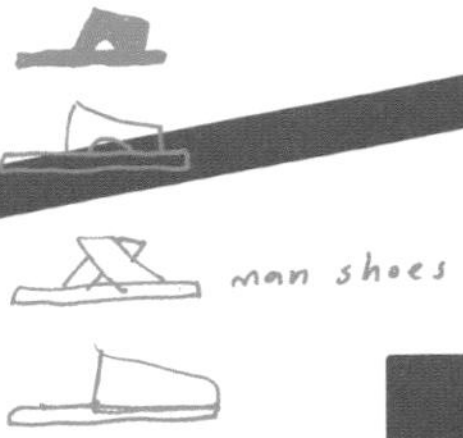

MOROCCO

街上生活就是手工藝

我才抵達博物館便聽見一位導遊說，羅浮宮正在舉辦一檔盛大的伊斯蘭文化藝術展，借走了館中許多藏品。一聽不免失望，但實際參訪後，展櫃中還是放有非常豐富的藏品，且因對於摩洛哥文化的不熟悉，每一件藏品都讓我好奇萬分，光是欣賞它的造型工藝，研究猜測它的用途，就足以慢慢品味一整天。

由於館中禁止攝影，所以我用速寫的方式紀錄自己喜歡的藏品；也因為不懂法文，在摩洛哥期間也沒有申請網路，所以先寫下物件的名稱，待日後才去查字典。當謎底揭曉時，常常很是驚喜，「啊！原來是這樣的用途啊」，也覺得自己跟摩洛哥又更近了一步。

館中的收藏大多來自生活物件，如：陶製器皿、銅製燭台燈具、傳統樂器等……這些藏品不見得來自皇室或貴族，很多來自於民間，由技藝精湛的工匠所製作。這些物件也有的精細，有的粗獷，與摩洛哥現今街頭上所見的物件沒有很大的差別。

這讓我想起以前看過一份資料寫說，摩洛哥的農業大多是有機種植，因為對他們來說，化學肥料的成本反而更高。同樣的，手工藝並沒有因為時代演進而改為工廠或機器生產，大部分還是由工匠用雙手製造出來。許多老城街上販售木製藝品、樂器的店面，後方就是工作坊，常常可以看到工匠一邊工作、一邊顧生意。

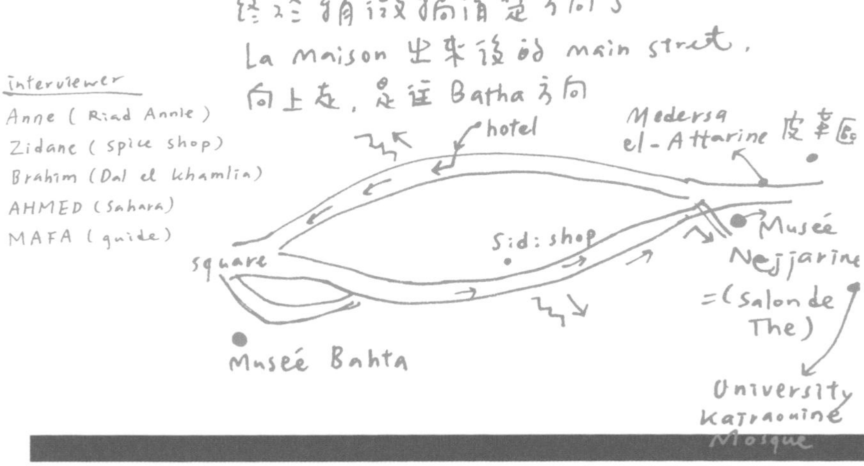
終於稍微搞清楚方向了

花園是城區舒心亮點

除了藏品，另一個令我非常舒心喜愛的是它的花園。Dar Batha的佔地是一個長方形，建築體位在東側盡頭，面積不大，主要的建築物為ㄇ字形，兩側延伸出雙翼，面向花園。中庭由傳統的馬賽克磁磚裝飾而成，中心有一個噴泉，是典型的Riad④和安達魯斯⑤風格。

花園佔地58%，比博物館本身更大。由景觀建築師Jean-Claude Nicolas在1915年所規劃，種滿棕櫚樹、藍花楹、木槿等植物。在夏日，花園也常作為舉辦音樂會或宗教活動的地方。

Dar Batha雖然位在市中心，但觀光客稀少，只有工作人員三三兩兩正在整理環境；加上幽靜的花園和充滿綠意的長廊，讓一切安靜了下來。一牆之隔，遠離喧囂，彷彿來到一片桃花源。

註：

① 阿拉維王朝（Alaouite）：摩洛哥王朝，建立於1631年，現任國王穆罕默德六世是該王朝的第23位君主。

② 蘇丹（Sultan）：伊斯蘭國家的統治者稱謂。在1957年之前，摩洛哥的統治者稱為蘇丹。

③ 柏柏人（berbers）：是一個說亞非語系柏柏語族的民族，並不是單一民族，而是眾多在文化、政治和經濟生活相似的部落族人統稱。主要分佈在西非和北非，特別是摩洛哥、阿爾及利亞、突尼西亞和利比亞。

④ Raid，是一種傳統的摩洛哥與安達盧斯建築形式，與房屋和宮殿建築相關，含有室內花園或庭院。

⑤ 安達魯斯，是穆斯林在中世紀對伊比利亞半島的稱呼。摩爾人在711年到1492年間統治大部分伊比利亞半島，最後從南部的安達魯西亞撤離。

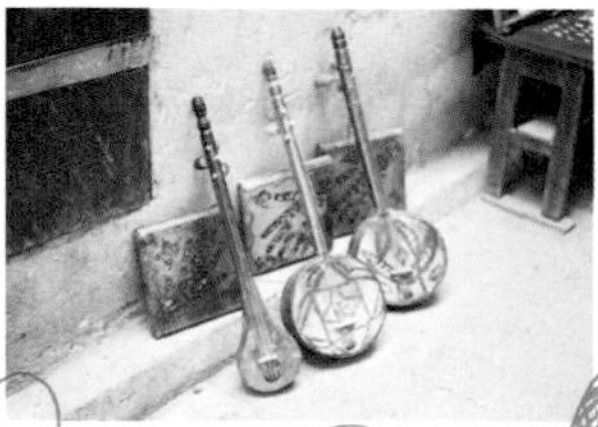

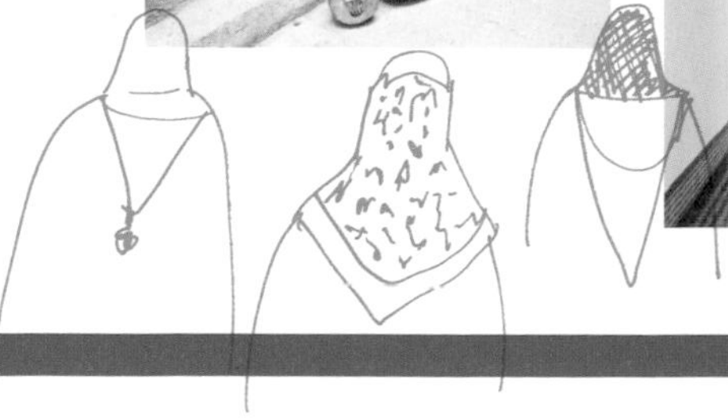

博館經驗談 QA

Q｜參觀完Dar Batha後，對當次旅程有什麼觀察？

參訪Dar Batha的時間點，已經接近旅程的尾聲，回想一路上所見的，會覺得博物館中的歷史物件，和現今的摩洛哥生活沒有太大的落差和距離感，不論是木頭工藝、做為食器使用的陶、銅器，刺繡織品等，在當地人的生活中，一樣扮演著日常使用的物件；肉鋪的磅秤、路邊小吃攤使用的陶盆和火爐，茶行盛裝薄荷茶的茶壺和茶杯……每一個都同樣充滿歷史痕跡，彷彿用了一輩子、甚至更久的時間。

而製造這些器物的工作坊，在老城區的市場內，不用刻意尋找就常常可見；甚至販售這些材料的地方也觸手可及，例如：藥草店也賣色料，服裝店也賣各色綑好的線圈。深深覺得這個國家的傳統文化保存得很好，有可能因觀光業是摩洛哥的主要外匯收入，會選擇來到這邊旅行的人，大多被傳統文化和生活方式吸引，自然而然地也成為一種觀光資產。

Q｜有去過國內哪些地方型的博物館？

因高中好友是南投草屯人，從高中開始每隔幾年就會去當地的工藝研究所（2010年更名為國立台灣工藝研究發展中心）。除了定期有不同工藝技術的展覽之外，也能參訪長期進駐的工藝家工作室，從中看出傳統工藝於現代的發展和轉變。

同樣位在草屯，還有一間隱身於山林間的私人美術館——毓繡美術館。美術館的主人喜愛寫實藝術，因此策展方向都以此為依歸，透過展覽、研究、收藏、教育，推廣大眾對寫實藝術的欣賞。美術館由知名的廖偉立建築師所設計，營造由同樣位在中部、擅長清水模建築的清水建築工坊施作，很值得拜訪。

前一陣子也拜訪位在新店山上的坪林茶葉博物館，館內有關於生物種類的標本和介紹、茶葉的製作和歷史等內容。除了物件的收藏外，另加入現代藝術的詮釋，是個新舊混合、教育推廣做得十分貼近大眾的展覽，加上環境幽靜舒服，會想一再拜訪。

Q｜覺得台灣和國外的地方博物館，有什麼差別？

台灣的地方博物館，相較很重視資訊的提供、脈絡的梳理，和重現歷史的場景，所以會出現較大量的「後製」材料，來作為傳遞溝通和教育推廣的工具，有可能是人工造景、假人、道具、各式展板、說明牌等等，用以輔助展示真正的藏品。

而國外的地方博物館中，這些說明用的材料，反而常常是最低限度的存在，用最簡單、最原始的方法呈現。可能因為有些地方的資源和經費不是很充裕，沒有太多添加的設計或道具，大部分展示出來的就是赤裸裸的館藏。不過也因為地方博物館的建築本身、儲藏用的展櫃和現場的家俱等等，通常都是文化資產一部分，也充滿美感和歷史痕跡，和其單純展示藏品的方式，和整體氣氛和時代感非常相符，另有一番樸實的懷舊感。

陳姝里

插畫家，平面設計師，藝術家。畢業於英國布萊頓大學連續性設計與插畫研究所，從事商業與編輯插畫十餘年。作品常常在講人。常使用拼貼、版畫、手繪等技法傳遞富有手感及溫度的圖像。近年也開始抽象和立體創作。

創作之餘，保有舒適距離的慢熟生活

在新竹橫山鄉田寮山坡上，有一幢隱藏在梯田間的水泥矮房，這區客家庄少有新移民入住——泰瑞與侯米恰巧在疫情前夕，將「拾末」木作工作室遷移至此。平房空間規劃成木作工作場域、剩下的才是剛剛好的生活起居空間。兩人本著都市魂在此低調、保持友善距離的生活著，卻也在各種機緣下，慢慢建立自己與聚落間慢熟的新移居生活。

文字—孫維利
攝影—Jimmy Yang

Another 移住者告白 Life

告白者 泰瑞 & 侯米

各地遷徙，目前落腳在新竹山邊，生活哲學與品牌「拾未」相呼應，意味順其自然的生活，撿拾未來；目前進入移居此地的第三年，品牌正穩健成長中。

泰瑞：我是台南人，沒住多久就搬到北港、雲林，後來因為媽媽娘家、以及求學原因到了花蓮。高中後媽媽把我送去中美洲的貝里斯寄託給姨丈，沒想到我讀一讀就不想念了，姨丈就跟我說，那你要到我這木工廠工作嗎？我就說好。姨丈領我進門，從那時候就打下木工基礎，回台灣後就到台北教育大學念藝術系，畢業後有到家具工廠工作過。

侯米：我之前念舞台設計，做過舞台劇演員和舞台設計，所以對使用工具和木作並不陌生，但真正接觸到大型的木料製作是在2016年到台南六甲「農家院子」協力蓋屋工作坊的時候，我們也是在那邊認識。會從舞台設計轉到家具木作，起因是我第一次蕁麻疹發作。那時期我還有進行其他創作、也申請政府補助案，突然身體出了狀況，藥也壓不下來，於是我想要轉換另一種生活，應該說，可以有另一種形式做創作、但是同時間……我更想經營生活。只是現在對我來說還在練基礎功，創作能運用的技能還有限，談創作還有一點早。

泰瑞：當時我們參加台南「農家院子」的協力蓋屋工作坊，當時有許多老師傅來教石灰、泥磚、土磚、竹編牆等材料，每一種都做一點當作練習，累積我們對蓋房子的一些基礎認識。

侯米：其實我們有一點被動式移居。因為當時家人剛生寶寶，我們每天開機具的聲音和震動都會影響到他們，我們曾考慮移居台東或花蓮的可能，只是東部和西部的距離、環境差異極大，西部對我們來說比較有安全感，再加上決定的很匆忙、完全沒有緩衝期的預備金，最後決定選西部，我們瘋狂到處看，找到這裡也滿機緣的。

泰瑞：我們甚至還有到桃園青埔看小坪數工廠，才發現是違建，房仲說可能會有被舉報的風險，但要承租者自行承擔損失……

侯米：我們不只是單純看住家空間、而是要思考工作場域，跟一般的移居者有很大不同。等於是木作空間先決，最後才是自己的生活。

我想要轉換，可以有另一種形式做創作、但是同時間……我更想經營生活。

我們原本的預算並不高，隨著到處看房慢慢往上調……但比較偏遠或需要花很多金額、大整修的建物也不適合我們，還是希望以工作為考量、將所有生活需求壓到最低，住的最純粹，能煮飯、洗澡就好。

泰瑞：最後是透過「建築公社」的朋友，得知現所在工作室的出租訊息。

侯米：我們最後用低於預算的金額承租到這裡，又不是位在廠房環境，有時候坐在這裡，就會突然覺得說，真是滿幸運的！

泰瑞：但因為這房子有兩、三年沒有人住，一開始要大整理。像是這牆壁應該有被植物的根系撐開有了縫隙，只要下雨就會漏水，很不好處理、得重新檢查頂樓漏水問題，但因為是暫時性住所，所以就先刷油漆解決。

侯米：這房子滿好的地方就是什麼裝潢都沒有，超適合我們，也沒有想像中的潮濕。只是新竹的風真的很大，我們在新竹市區出市集時，風大到木盤都被吹起來，泰瑞氣到想回家。搬過

來的這兩年沒有經歷到颱風，多少有一點擔心。至於氣溫嘛，因為後面有梯田的關係，夏天這廚房的空間還滿涼的，但上面直曬的太陽還是會影響熱度，之前我們還會特別去放簡單的黑網降溫。

泰瑞：我們也用了很多之前搜集的舊木料來改造空間，空間第一進是我們兩人各自的工作桌、牆面上擺放我們順手好拿的木作工具，還有木料和機具，再往內還是機具，最後尾端才是我們的生活起居空間。

侯米：其實做好黑色格柵門，算是我們搬過來後的大事件。原本我們家前面是在地居民生活和健行的必經之地，當時我們整理房子，常會有人走過來問我們在幹嘛、或是騎車停下來，一句話也不說地看著我們在做事。當初在做隔柵門時，曾收到部分鄰居的反對聲音，所以剛做完後心理壓力還滿大的，不過鄰居似乎很快就習慣，改成使用附近的別條替代道路，算是虛驚一場。

泰瑞：他們也會好奇我們在幹嘛，我們說在做木作，有些人對木作相對了解，會看一下我們有什麼機具。

侯米：一開始還滿不習慣這種人際之間的距離，我們還是兩個都市人，只是比較能在鄉下這種場域生活，都市人會覺得每個人有一個安全距離比較舒服，有一段時間我們都是小心翼翼的生活。在還沒做隔柵門時，會比較沒有安全感。

我們會跟隔壁鄰居阿姨買蘆筍，她總會熱情的多送一些菜意思一下，開始有打交道的機會。住對面的鄰居也會送我們菜，我們想要禮尚往來，但他們什麼菜都有了。反倒是我們分送木屑給他們還比較受歡迎，因為可以拿來給雞洗木屑浴、種菜上面也可以放一些。

泰瑞：我們也有試著種菜過。曾參加樸門永續設計的共讀，思考如何因地制宜。房子的下方是一百坪的田地，我們當初灌溉水

還是希望以工作為考量、將所有生活需求壓到最低，住的最純粹、能煮飯、洗澡就好。

管都買好、苗種也買齊，但因為灌溉水的來源和系統都沒建置完成，後來除了洛神和芋頭還活著，其他菜都死了。因為我們是全職木工，已經需要大量勞動，一大片的菜園照顧起來也需要體力，所以無法兼顧。

侯米：想到最初研究戶外水龍頭是池塘水，還是山泉水也花了一番功夫。因為這邊的人會接山泉水使用，如果種菜接山泉水比較方便，但我們不確定會不會在這邊久住，而且剛來的時候也不太認識鄰居，不曉得跟哪個鄰居共用山泉水管路比較合適，所以現在只有使用在地的簡易式過濾自來水。

現在下面的田地有給一位鄰居來種，我們會用木屑或一些木料，和她交換茄子、絲瓜、南瓜……大家

互相交換物資。回想起來，我們剛來的時候，對生活有很多想像，像是柴燒煮飯、或是像現在的柴燒洗澡，但是柴燒的現實是要等一陣子才有熱水。

泰瑞：其實柴燒生火不難，但一直還沒時間搭建雨遮，下雨淋雨很狼狽……

侯米：記得剛開始生火生很久，鄰居還走過來說，啊還沒有升起來喔，你們趕快去買電熱水器！後來我們也依據樸門的方式進行一些嘗試，像養鵪鶉後來也沒有再進行，當初鵪鶉住處設計沒有很完善，每次換木屑都要把牠們抓出來放到桶子，牠們有的會趁亂頭也不回地飛

就是持續嘗試，調整成適合我們現在能力可及的方式就好了。

逃。因為租約沒有很長，空間的改造規劃和修繕就會有所限制，加上工作室正在累積階段，就沒辦法有餘裕照顧好菜和鵪鶉。

在鄉下每個人的生活形態不一樣，曾看過一本書《半農半創作，悠悠晃晃的每一天》，書裡從事手工藝創作的日本夫妻什麼事情都親力親為，覺得那樣的生活很不錯，但每個人會遇到的現實挑戰不同，每個人的心性也不同，像我們種過菜、養過鵪鶉，就知道我們現階段做不到。但之前並不會有這樣的認知，後來覺得就是持續嘗試，調整成適合我們現在能力可及的方式就好了。之前可能是我對自己的認知錯誤，現在就只想顧好翼豆這一隻貓就好（笑）。

侯米：現在的生活沒辦法到完全規律，工作大小事都得討論，要出哪個市集、回客戶信件、設計討論⋯⋯，通常會弄到很晚。以兩人分工來說，我們會一起討論設計大方向、但在實際設計木作結構和計算成本時會由泰瑞來，我擅長統籌規劃製程、文案與客戶接洽等。誰擅長什麼、就先來做。經濟方面在搬過來後也更穩定了。可能是公司已

經成立五年，再加上機器種類隨著空間越換越大就變得更齊全，能做的品項和設計就更多元。

泰瑞：未來的話，還是期待能擁有屬於我們自己可以全權運用的空間，希望放機具的空間再大一點、也可以有展示完成品的空間。不用租屋的話，至少心情上會再安穩點，畢竟一搬家，除了家當，要打包重型機器、木料和許多工具，工程實在浩大……

其實搬來後也陸續認識了一些朋友，像是朋友野小毛，她帶領我們走入森林學習辨認植物，後來也和我們合作一系列植物標本集的作品，這附近還有一個正昌製材廠，有很多台灣木材、造林木與烘乾設備，我們許多作品所使用的國產材都來自那，要挑選或購買原木料非常方便；另外在地連結還有北埔的建築公社，除了蓋木屋之外，也有到國小推廣台灣木材教育和木作課、鑽研北埔在地樹種等，有時候還會分享木料給我們測試使用……

除了認識新朋友外，搬來後很常聽到大冠鷲、領角鴞的鳴叫聲，也在工作室門口遇過兩次穿山甲，夜晚抬頭能看到一大片星空，其實很珍惜能在靠近自然的地方生活。

潟湖畔的
飛機觀景台

走進地方

INSIDE of PLACE

盧昱瑞

高雄人，畢業於台南藝術大學音像紀錄所，以捕捉影像為志業。2005年開始拍攝紀錄片，題材大多圍繞在海港生活的人，偶爾也關注老房子和文化資產等相關議題。

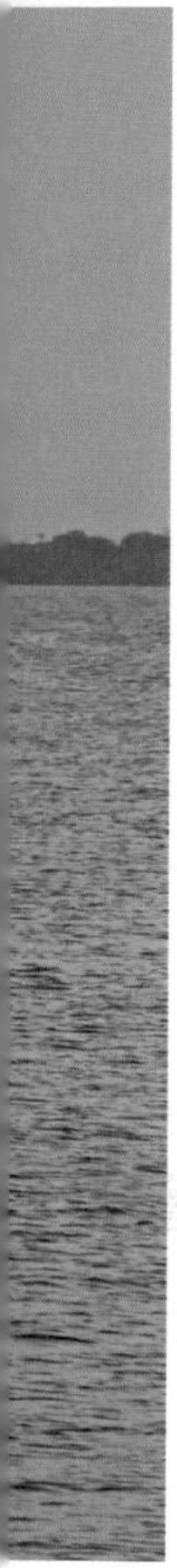

屏東遼闊的大鵬灣潟湖畔，停靠著一架龐大的白色鐵皮飛機，這架飛機的造型是模仿二戰時日軍的「二式大型飛行艇（簡稱二式大艇）」，也是日本二戰時性能優異的水上戰機，具有作戰、運輸、偵查等性能。但為何會有這架白色鐵皮飛機座落於此呢？它是具有二式大艇意象的公共藝術，還是一座湖畔觀景台呢？甚至後來好像還變成了水上飛機餐廳？這架座落在大鵬灣岸邊、靜靜朝向南方的白色鐵皮飛機，似乎日日夜夜都在跟海灣傾訴著它的故事。

「不好意思，目前園區沒有對外開放喔！日後重新開放會再公告。謝謝配合！」大門保全謝絕想進園區的遊客們。2019年7月大鵬灣國際休閒特區暫停營業，歇業至今三年多，昔日風光一時的國際賽車場和渡假酒店已猶如廢墟，也讓從2004年開始的大鵬灣BOT開發案陷入新的膠著困境。對比2019年2月贏得「史上最美台灣燈會」美譽，與一千多萬人次參觀的空前盛況，現狀令人不勝唏噓。

2019年舉辦台灣燈會期間，這架二式大艇才剛整修好一年多，是大鵬灣的最佳觀景台，旁邊佇立著由藝術家王文志設計的新住民藝術主燈「海之女神」，二式大艇的右側機翼便成了最佳的欣賞位置。同時期大鵬灣經營業者也將飛機規劃成咖啡餐飲區和觀看賽車場的看台，甚至也嘗試轉變成探索活動的場地，設立鋼索空降、超高溜滑梯等戶外育樂設施。

不過這架二式大艇早在2003年就設立於此，原初是作為「大鵬灣海洋運動嘉年華」的硬體設施，以鋼棚架的形式建構，並用木板做外觀裝飾。但完工四年後嚴重鏽蝕，成為當時鵬管處棘手的列冊財產。後來經過幾次整修才變成今日重現於台灣燈會的水上飛機觀景台；而這架二式大艇的所在位置，就是日本時代東港水上飛行場和東港海軍航空隊（1940）的基地，停靠日軍水上偵查機和飛行艇之用。

戰後國民政府改設為空軍幼校

和大鵬營區，直到1997年大鵬灣國家風景區成立後，才逐步轉變成今日海上休閒活動為主的觀光景點。2011年業者開闢國際賽車道後，很遺憾地抹除了許多大鵬灣的歷史紋理和印記，目前僅剩餘本部連、莊敬樓、舊餐廳、中正樓、彈藥庫等建物及設施被登錄為屏東歷史建築。而本部連後來雖被改成大鵬灣文史博物館，但目前也因業者停業而無法對外開放。

如今遊客只能從對岸或湖上遠觀白色二式大艇，而大鵬灣裡昔日還來不及認識了解的日本海軍航空史，也早已隨著潟湖裡的蚵棚架、箱網一一被消除，淹沒在時代的浪濤裡。

親愛的柏璋

讀完信，覺得重新認識了一次相思樹。同一物種在不同的地方，會成為截然不同的存在，全台廣植，卻能產生在地感，相思樹真是絕佳的案例。

相思樹的金黃，也是我的春末記憶，相思花掉落後，就會響起夏季的蟬鳴了。

這個春末，我到新北市碧潭一帶，尋找大坪林圳和瑠公圳最早共同引水的石腔。穿山的隧道，石壁上斑斑都是鑿痕，自乾隆初年開工，歷時22年才終於鑿通，整個台北南區，才因此成為了水田地景。溪谷堅硬的砂岩，是開鑿困難的主要原因，此外，碧潭一帶是泰雅族的領域，工人們也時常面臨部落的襲擊。

遠望千錘百鍊的岩壁，我清楚看見了三、四叢茂盛的方莖金絲桃。下垂的枝條，羽毛般長著成對排列的葉片，枝條下端垂進溪中。棲居岩壁的金絲桃老欉，或許見證了艱辛的開發史。

台灣多數金絲桃都是直立的小草，垂懸於岩壁的灌木型金絲桃，幾乎都是稀有植物，偶爾在路邊看到，也會因距離太遠而不易判斷種類。這次透過望遠鏡，看見關鍵特徵——方型的莖，總算能確認了。

時近6月，再去探訪，方莖金絲桃已經綻放。燦爛的黃，狀似桃花，輻射出幾十根金絲般的雄蕊，加強了視覺效果，這就是金絲桃典型的印象。尤其灌木型的金絲桃，花朵碩大，若說相思樹的花是晚春的日光，金絲桃的花就是夏季的艷陽了。

峭壁上雖然陽光充足，水份卻難以滯留，除非多霧的山區，有足夠的地衣苔蘚作為基質，再不然就得是多雨的地方，岩縫土壤才能常保濕潤。灌木

FROM
瀚嶢
新北・新店

黃瀚嶢
生長於台北，在城市間隙發現觀察野地的樂趣，從此流連忘返。森林系畢業後，從事生態圖文創作與環境教育，經營粉專「斑光工作室」，靠著偶爾路過的靈光努力生存。

型的金絲桃大多分布在東北季風盛行，終年濕潤的區域，我想大概是這個原因。另方面，若非多雨，大概也無法形成足夠的河川侵蝕力，切割山體，塑造峭壁。垂懸的金絲桃枝條，或許也可說是水流鑿刻溪谷，留下的一道痕跡。確實，以這類灌木型金絲桃的地理分布來看，也只有地質年輕，又受季風潤澤的熱帶島嶼，才有這樣的岩上風景。

當年森林系舉辦植物辨認大賽，學長不知從哪裡弄來一盆方莖金絲桃小苗，作為第三名的獎品。但在不當澆水之下，我的獎品半年就種死了，早該明白，溪邊的金絲桃離水雖近，卻需要排水。

時隔多年，才又見到方莖金絲桃。在望遠鏡中，問候久違的老友，開著陽光般的花，彷彿能安慰一切傷害與誤解。也許邊坡工程後應該多種植金絲桃，作為開發的補償。

祝疫情焦慮快點平息，暑假順利。

方莖金絲桃

Hypericum subalatum

六月，方莖金絲桃盛開後，
就是夏天了。雨水灌溉岩
壁之餘，也雕塑了溪谷。
金絲桃像岩上的
鮮豔鑿痕。

親愛的瀚嶢

看著手繪圖，想起金絲桃如陽光般燦爛的黃。我唯一一次遇見方莖金絲桃，是大學參加保育社的烏來植物團，從岩溝上放射而出的莖條如柳枝下垂，過目難忘。

信中文字使我想起近期設計的生態桌遊，我在「地貌卡」中加入岩石地形時，同伴們不解。我進一步解釋，如岩壁、岩洞、岩屑地等看似只由石頭構築而成的單調環境，其實是許多生物的棲地，同時也是台灣島上的常見地景。

我想起生長在苗栗一座山村、跟方莖金絲桃同樣喜愛岩石環境，甚至連命名都非常到位的「岩生秋海棠」野生族群。於是，我選了一個梅雨過後的空檔，前往拜訪。

上次前來已是四年前，印象深刻的是，或許因為稀少的岩生秋海棠偏愛岩地環境、且位於容易觀察的道路一側，當地居民在路旁立了造型特殊的小型解說牌，把這款珍貴的社區資源介紹給路過的旅客。看見居民以簡單樸實的方式推廣社區生態，兼顧了保育和觀光，我頗受感動。

抵達山村、停好車，迫不及待上前。看見粉紅色的花朵點綴在大而開展的綠葉之間，岩生秋海棠依然安在，但族群似乎變小了。記得上回來，垂直岩壁上滿滿的花葉，如今這片岩壁被茂密的台灣蘆竹遮蔽，底下的秋海棠似乎因照光不足而消失。鄰近處則有成串的小花蔓澤蘭，沿岩壁上下蔓延，同樣佔據了岩生秋海棠的棲息空間。岩壁兩旁已開發為擋土牆和水泥溝，面對強勢植物的競爭，秋海棠們似乎退無可退，在一旁竹林底下的土坡避難。

岩生秋海棠解說牌仍在，我卻找不到當初在它

FROM
柏璋
新竹・新竹市

陳柏璋

熱愛山、攝影與書寫的野外咖，時常帶著相機與紙筆，在野地裡打滾整天。目前與一群好夥伴共創森之形自然教育團隊，試圖在人們心中埋下野性的種子。

旁邊、介紹黃綠澤蟹的解說牌。黃綠澤蟹偏好山澗旁的泥岩環境，上次來才看到岩生秋海棠下方的流水岩溝裡有數隻黃綠澤蟹正在活動呢！仔細觀察，附近沒看到黃綠澤蟹的蹤影，才突然發現天然岩溝不見了，相同位置出現用水泥糊得方正的排水溝。我在附近繞一大圈，試圖搜尋澤蟹的身影，卻無功而返。記得聽研究淡水蟹的專家說過，陸封型蟹種容易因棲地破壞而區域滅絕。我不願往壞處想，決定下次再來探明真相。

乍看單調的岩生環境，經過仔細觀察與探究後，會發現許多迷人的小故事在岩縫裡上演。然而岩地因不易利用，常被開發破壞，岩上風景也只能逐漸消逝。

啊，似乎太悲觀了，我還是很相信岩生秋海棠走莖的繁殖力及黃綠澤蟹遷移的能力！下次跟我去探探吧，多一雙眼睛來看，一定會有新的收穫。

岩生秋海棠 *Begonia-ravenii*

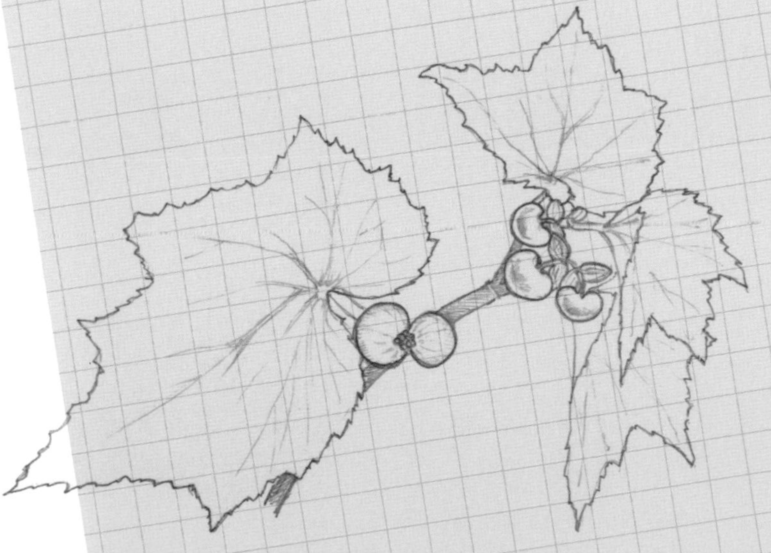

岩生秋海棠有兩枚粉色花被片包圍雄蕊或雌蕊，如含著珍珠的蚌貝，點綴岩上風景。

風土繫

療癒是從文化裡長出來的

文字—陶維均
圖片提供—巫癒子

陶維均
1984年出生台北，國立臺灣大學戲劇學系畢，現從事工作囊括體驗設計、品牌規劃、地方創生、創意高齡及劇場編導、教學等領域。2019年創辦針對熟齡族群打造的線上廣播電台《有點熟游擊廣播電台》，累積聽眾超過千人。

出生花蓮，自幼父母離異由母親撫養，讀國中之前跟阿公阿嬤住在阿嬤的Alang Myawan（米亞丸部落），阿公則是來自Alang Tpuqu（陶樸閣部落）。

在社群平台上，她這樣介紹自己—Hana Sung宋禾霓，Christy是英文名字，Hana是母語名字，Sung是我的姓。禾霓是母語名字Hana的音譯，用這兩個字是來自「雨落在土地、滋潤作物，生長出了孩子」的意象。

如果單看身分證、戶籍謄本，雙親都是原住民，都是太魯閣族。當大家問起我是哪個部落的時候，以前我可能會說Myawan，因為那是我生長的地方，但現在我會說我的部落是Myawan和Tpuqu。我的認同是雙重的，認同本身可能會流動，但我目前很喜歡自己找到的位置。

Myawan部落來自Smiyawan的簡稱，意思是「採收白根茅草的地方」；Tpuqu則是「等待」、「一直待在那邊坐著」的意思。對我來說，Myawan和Tpuqu很有趣的一件事，一個是「最小」的，另一個是「最早」又「最晚」的——Myawan應是太魯閣族法定部落裡面「最小」的部落；而Tpuqu是Truku第一批東遷花蓮的部落，透過文獻史料和訪談，可以在家族系譜裡爬梳到家族東遷始祖，同時它也是最晚下山的部落。

有人聽說我來自花蓮又出生部落，腦中都會浮現活潑、熱情、奔認同是雙重的，認同本身可能會流動，但我目前很喜歡自己找到的位置。

放的形象，其實我覺得那樣的形象比較不像太魯閣族。六、七年前看過一部紀錄片叫做《靈山》，那裡面的Truku老人一直很安靜、很沉悶地坐著的畫面。相對來說，那個比較接近我看見的Truku形象。

對Hana來說，阿公是魔術師。幼時愛看卡通，精於木工的阿公親手幫她打造《庫洛魔法使》的桌椅、《哈姆太郎》的三層樓老鼠城堡，甚至獨力建造了部落瞭望台。阿公字美還會寫詩，是鄰居長輩口中的文青，常和子女親友分享人生哲學。當Hana伸手想要吃糖果時，他說：「手心向下，不要習慣向上；不要習慣跟人家乞討，要自己努力爭取」。

部落長輩說阿公很有才華，曾考上翻譯官，也曾當上村幹事，但他總是哪裡卡住過不去，不是不去上班，就是做一天就不幹了。家人眼中阿公嗜酒，即使疼愛子女，但喝多會對阿嬤動粗；每個人認識的阿公都只是片面的他，只有酒精懂全部的他，只有酒精帶得走他。

阿公過世後，獨自撫養五個子女的阿嬤，在某年天空飄霰的冬夜，累倒中風，Hana的照顧者身分因此轉換，必須協助照顧阿嬤，每天早起幫忙準備早飯才能上學。她覺得不公平，為何其他同學起床後、都可以好整以暇去部落早餐店買早餐上學，她卻要每天料理全家人的早餐之後才能趕去學校？

她嚮往搬去與母親同住，想像

自己在一小時車程外的花蓮市區過著幸福人生。

直到阿嬤過世，家族長輩讓Hana負責部落告別式事務，一字一句唸出自己寫的訃聞，才了解阿嬤一生撐過多少磨難，無論人生向上或向下，手心永遠牽緊孩子。她才發現，自己多愛童年部落的幸福人生。

國中之後，Hana搬去市區美崙與母親住，渡過她所謂「毫無目標，只有睡覺」的空白三年。被硬生生從部落拔起、丟進市區矯治的憂鬱少女，只能用睡眠療癒心理難以言狀的創傷。對花蓮感到厭膩，碰巧認識的師長推薦她去宜蘭讀高中，那裡有許多國際交流機會。她愛上辛波絲卡、昆德拉、赫拉巴爾、契訶夫等作家，高中後進入政大外語學院，除了英文以外，學習俄、韓、日文，考檢定，拿證書，兼差口譯接待，結交世界朋友。住部落嚮往市區，住市區嚮往更大的市區。孤島渴望大陸，孤島相信真正的美好總是在他方。

她從高中經濟獨立，光靠語言專才其實獲得不錯收入，但她想要學得更多更廣。她曾經參與日商時尚公關公司的跨國布局、跟朋友共創學生獨立媒體、在書店總部擔任外文線採購、在產品設計公司當專案行銷和設計策展、在報社做數位內容編輯和採訪、在文創園區協助藝術專案執行……，同時，她還要盡可能維持每科90分以上才比較容易申請獎學金，最高紀錄是一學期31學分，白天上班下班後趕回學校上課，有次在工作的台北101大樓門口昏倒，才辭掉部分工作，替換成收入工時相對穩定的家教。

離開學校，她遊走外商新創或科技業。大學時也積極參與原民的各項議題活動。自認個性叛逆，喜好反向思考另類選項，當大家都在說「回部落」，她反而想為何一定要回家才有資格關心家？她不習慣長久固著一地生活，流動遷徙是生命常態。高中開始遊歷國際，她常思考究竟哪裡是家？家是環繞阿公阿嬤部落的山，還是美崙市區母親家每天看見的海？如果家是創傷的來源，回家真的可以療傷嗎？

之前的工作是在跨國新創的AI醫療產業，職場和朋友圈每天在談的都是科技趨勢，覺得自己身在追趕數位時代的風口浪尖，但轉過身，卻也同時身在強調著傳統文化、追求技藝復振的部落現場。當我們談論傳統，談的是千年前、五百年前還是五十年前的傳統？有時也會想，難道一定要照大家說的方式生活才有資格作為原住民嗎？因為工作、學習和生活總是在跨域，我觀察到自己涉足在各種完全不相干的同溫層裡面，大家不明白也其實不太在乎彼此做的事。我想試著去做界域的打開、疆界的打破，希望促成更多真實的理解和有效的溝通。

因為族群文化議題幾乎難以在我所身處的業界職場找到適合的位置，為了有自由探索的空間，我決定回到學院研究和創作。我回到政大傳播學院念數位內容與科技研究所，希望學習如何將自己倒空，有機會的話，也在我關注的設計命題上有實驗創作和重新設計的可能。

我覺得「回部落」不一定要當下回去，也可以慢慢回去，或不回去。

因緣際會，她籌組了「巫癒子」這個議題學習型文化社群，期盼在這片土地不同地方、不同原民族群中，和不同的夥伴共同學習，探尋文化核心精神與生活哲學在當下的方法。「巫癒子」行動精神主要包含共創、人本、協力和共學，採同心圓的組織形式，作為議題行動對外開放的參與式設計基礎，由內而外分別是處理統籌及決策的核心圈、有協作者的加入並

有時也會想，難道一定要照大家說的方式生活才有資格作為原住民嗎？

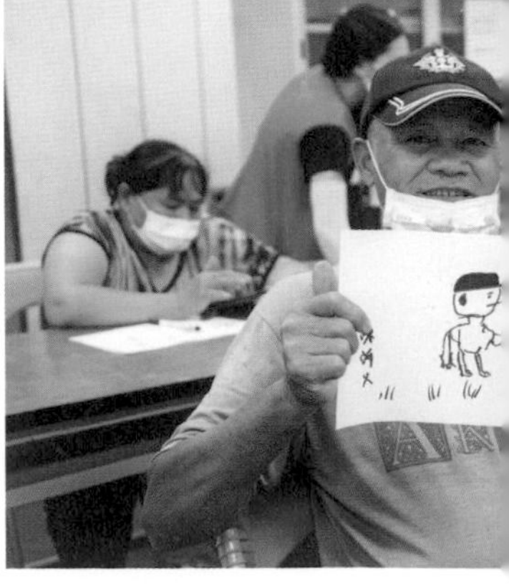

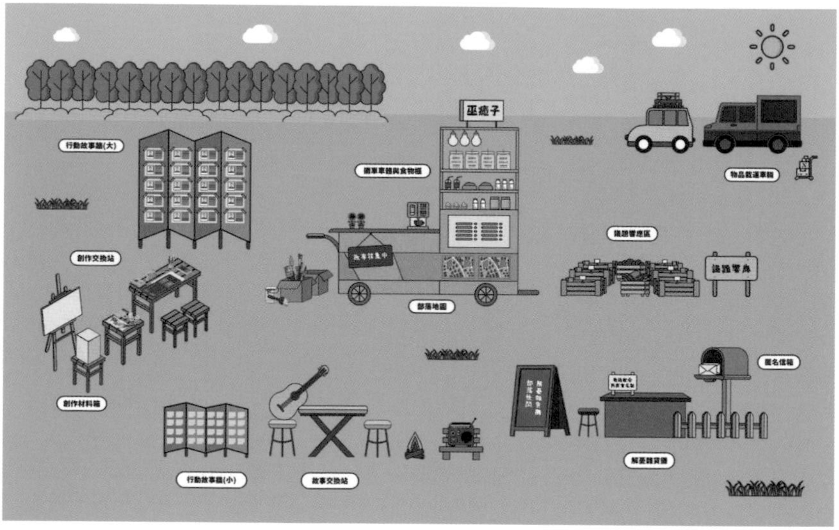

「回部落」不一定要當下回去，也可以慢慢回去，或不回去。

依不同專案分組協力策畫與實作的中間圈、純粹響應支持議題與被動議題學習者的最外圈；活躍成員來自各行各業男女老少，藉由Notion、Miro等較常使用的數位工具，來搭建巫癒子社群雲端共作空間的建築基礎。

Hana把「巫癒子」當成議題學習的對話與創造基地，藉由打造中介，利用不斷的行動與嘗試，試圖回應不同的當代原住民族議題，也包含了巫癒子內部不同族群夥伴們共同面臨的都市生活處境；她們沒有為行動設限，無論是共創工作坊、對話型議題講座、田野行動工作、議題行動共學讀書會、遠距共學協作和雲端互動相談室，或實體的策展活動，都可以是中介的一種可能，都是回應真實的一種方法。

去年，感於某些夥伴沒有部落生活經驗或少有機會接觸，Hana決定製造機會接觸部落，帶有自造者精神的初階沙盒原型「部落故事採集行動攤車V 1.0」上路，也將在今年做形式與體驗設計內容大幅度的迭代翻新，推出V 2.0。去年辦完攤車行動之後陸續接到許多策展邀約，今年也打算在攤車行動結束後把攤車搬上雲端，搭建線上展覽空間，把團隊田調和行動過程中採集到的各式文本轉化成數位內容或以3D建模，以混和實境的方式讓參與者體驗互動。

我對這個社群的想像是一個網絡，一張網撒落各地方，都能有各自的節點動態串連；事實上從去年底到現在各類型夥伴走進來巫癒子的路徑，確實也比較接近「網」的狀態。我們原生於雲端但不限於雲端，類似混合虛實的並行狀態，去打造各式能夠產生互動的中介。攤車乍看只是在部落推著攤車收集故事，其實事前需要數個月到半年的密集拜訪和行前準備，過程中不斷反思行動本身、反思自己在部落的位置和存在、反思自己跟土地、跟部落、跟人的關係，這是「巫癒子」田野現場的行動精神——「不只進入一個部落／也學著讓自己成為那個部落的一部分／讓部落進入你」。

「巫癒子」，這個名字其實是夥伴在看到美食節目介紹到「一口烏魚子」之後取的，這裡的「癒」不是指病理的痊癒或恢復，更是在文化裡的相遇與療癒，來到互動介面成為彼此的「鏡子」，透過分享與述說，映照對方，映照自己。

太魯閣族的「Gaya」存在我的部落記憶，也一直存在我家族的日常生活與對話裡。過去，當我向家族或部落長輩問起Gaya，總是得不到一個說得清的意思，在不同語境裡，有時是名詞、動詞、形容詞、有時又有點像副詞，是無所不在的一種生活哲學，任何詮釋都不夠完整，或許也沒有必要去指向特定意義。直到我透過「巫癒子」，才終於比較能夠了解Gaya的存在與人靈觀。

我們不可能真空於文化或外在於文化，療癒也是從文化裡長出來的。

生活法則

Vol.7

前進吧！遇初少女

文字─高耀威　圖片提供─高耀威、Pen

先說，Pen這個女生啊，已經不能再說她是少女了，可是那頑強不羈的心，好像還不太想要停下來的樣子。

這次我重新反覆思考，到底怎樣才稱得上是「大笨蛋生活」，過著背離主流或體制外生活的人，通常是自己選擇另一種生活，不是不得已才走上披荊斬棘之路，而且「生活」也不僅止於一種恆定的狀態，還包含起心動念時所嚮往的未來風景，很多時候，生活是正在前往那片風景的路上。Pen與她的環島電動腳踏車，就在這條路上，出發時預定三、四個月的行程，一路走走停停，岔路不斷，環島一圈已是350天。

更深緩的生命探問

第一次遇見Pen是在竹湖的小白屋咖啡，那時候我正想找個地方躲起來寫作，打開小白屋的小門，一位隱居於無訊號山內的德國人與台灣籍太太，也正在裡面上網工作，Pen就坐在一旁。當時的前陣子，她透過臉書與我聯絡，預計騎著攤車環島到「書粥」，徵詢在書店前擺攤賣司康的可能，我擅自稱她為司康女

大笨蛋

孩，擺攤期間剛好我游牧回台南，半個月後回到長濱，她輾轉移動到竹湖山腰的小白屋，寄居於此。知曉小白屋主人秀蘭的人，肯定能夠理解，Pen會滯留於此有太多理由，也因此我回到長濱時她還在，我們在此相遇，我才有機會親眼看看她與她的車，當面聽她的故事。

「把思念轉化成司康」是她出發的起心動念，用來紀念驟然離去的外婆，可我總覺得不只是這樣，那必然是一股推力，但在這之前，一定還有其他更深緩、更細緻的生命探問，或推或拉，點點滴滴至此，畢竟30多歲的女孩，已不是雛鳥跳出鳥巢的階段，離開學校後，這十多年，是什麼促使她變身成為環島司康女孩，我很好奇。某個宜人的上午，特地約了她在「麵包宿」的秘密基地露台上閒談。

就算家裡能提供安穩的支持，或是說，正是因為這股安穩的力量，反而會讓人更想自己闖一闖；Pen從餐飲科系畢業後，在漢堡店工作兩年，再跟幾個朋友飛去澳洲工作兩年，回到台灣後，家人安排她在一間貿易公司上班。自己闖蕩四年，最

Fool, dumb, and that's OK.

後回到正軌，本來應該就是這樣下去，不過，待了三年後，她抽到英國打工渡假的簽證，又再飛去，在一家咖啡店的廚房幫廚，三個月後主廚離職，店頭直接讓她接手變成一人廚房。在英國待兩年，簽證到期，還不想回家，聽朋友說愛爾蘭學英文很便宜，就過去待了一年，再自駕於冰島、克羅埃西亞、匈牙利、捷克、法國、德國；畢業後斷續壯遊十年，也30歲了，回到台灣，思考下一步之前，給自己半年的時間沉潛。我聽了Pen這段豐富的遊歷經驗，內心卻有一種浮躁感，到底還要跑多遠，還要去多少地方，才能安撫離家遠行的

衝動？才能算是找到自己？奢侈的半年沉潛還不夠，Pen說：「我想知道自己最底能到哪。」又繼續呆混了半年。

藉著司康與人交往

人一輩子總想往上游，魚也硬要逆流而上，我很少去想，一直浮在水面上的人想往下潛，用力卸除肺部空氣，往黑暗地方去的心情。如果我有時間，有餘裕，能這樣遠行他方，這樣任由自己無以名狀的下潛、面對未知的領域嗎？或許正是這股動力的尾韻，Pen帶著更多累積出的視野，或許還有更多的茫然，在疫情壟罩期間，藉著反作用力踏上環島

高耀威

40多歲的人，著有《不正常人生超展開》一書，目前經營兩間店，一間是位於台東長濱的書店「書粥」，一間是在台南的共同工作室「白日夢工廠」，每月底會營業幾天「寂寞食堂」，持續練習另一種活下去的方法。

之路，成為司康女孩。

「覺得你的店很特別，方便讓我在門口賣司康嗎？不行也沒關係」以這樣的起手式，Pen接連在書店、豆腐店、滑板協會、藥局、民宿、咖啡店……等店前擺攤，有時會參與各地不同的市集，也曾到長照中心教失智老人做司康，一路藉著司康與人交往。「有天我看到一個女生從我面前走過，覺得她好像很難過，就送她一顆司康，結果，她就哭了，然後跟我說好多心事……」環島擺攤累積豐富的交流，又從各種相遇的悸動，順勢研發九種不同配方的司康。我不確定她找到停下來的理由了嗎？又或者，是繼續前進的動力。

花一年繞台灣一圈，最近她又回到長濱，藉著棲居秀蘭的小白屋（關於神奇的小白屋，詳見地味手帖NO.06），暫時開了「週初快閃早午餐」。簡單陽春的設備，搭配從台灣各處尋覓的食材，加上自製果醬，端出不可思議的料理，明明是在人跡罕至的山腰，透過鄉親口耳相傳，忙到沒時間在網路發文，但有餘裕順便幫山上自製黑糖的阿公想新口味。

Pen有句口頭禪：「不擔心」，常常不知道她到底是在跟誰說，但我想，天上外婆看她在善的循環中，那麼被疼愛被需要，肯定是不擔心的！

留在地方生活，就開一間烤肉店吧

文字、攝影—張敬業

這次我們從彰化驅車北上，國道一號轉三號再接五號，車子穿越長長的雪山隧道，一出來就是遼闊平坦的蘭陽平原。也許是鄰近台北以及雪隧的方便，宜蘭是許多移住者開始新生活的地方，有的經營民宿或成為小農從事友善耕種，或者再進一步經營使用在地食材的餐廳。

這次要介紹的是在青發署「青聚點」專案認識的姿綺與牧村，他們表面上在壯圍經營「烤肉店」，但更深一層是在建立移住者與地方相互學習的網絡。

擺渡人 第七回

張敬業

2012年返鄉成立「鹿港囝仔文化事業」，透過社區參與的方式重新認識家鄉。2015年籌辦今秋藝術節，讓人們重新對鹿港有新的想像。近年著重地方青年培力，計畫建構返鄉及移住青年的地方支持系統。

擁有創育能量的十字路口

學習景觀的兩人，原本是來壯圍執行空間改造與工程調度的專案工作，同時也往返台中經營空間物業管理。在兩地往返間，漸漸察覺他們可以在壯圍工作，同時又有海、有田地、有與社區共助的生活；最實際的是壯圍離國道很近，對於一開始還有很多工作在台北的他們來說相當方便。

２０１６～２０１９年間兩人藉由政府專案，從農業、養殖業跨足到產業面，每年透過執行不同計畫案建立地方人脈與資源系統。後來有感於政府計畫案對地方產業的侷限，同時也因為小孩出生，兩人決定在２０１９年執行完最後一個案子之後，停下工作專心帶小孩一年。也因為這樣，這一年有較多時間思考之後在壯圍的發展。由於之前的專案經驗認識許多壯圍的農友及養殖業者，萌生了開烤肉店的想法，後來也與「路邊烤肉」品牌談聯名合作，催生出可以吃到壯圍在地食材的烤肉店——圍食堂。

有人說「要融入地方生活，最好的方式就是開一間店」，圍食堂採用壯圍當地食材，與原本就熟識的農友、養殖業者建立產銷關係，烤肉店的客人除了上交流道的過路客，也有經營民宿的在地居民，也

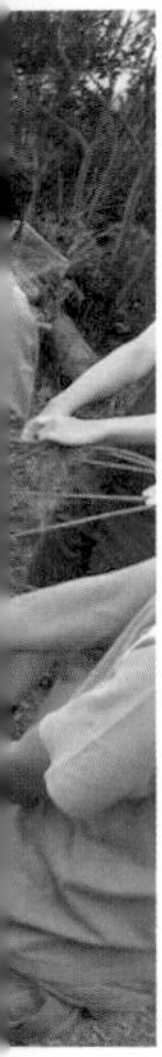

因為這樣跟地方建立起更深一層的關係。而原本就有空間及社造經驗的兩人，當然不僅止於開一間烤肉店這麼簡單，他們也把原本經營地方社群交流的「壯圍十八島」空間移到烤肉店三樓，二樓則分租給同為壯圍新住民的朋友經營「嶼伴書間」書店，再加上後來隔壁的三角窗也是移住者開的「很美」咖啡甜點，還有對面的便利商店和對街的碾米廠，這裡可以說是壯圍最有創育能量的十字路口！

回到地方的第一哩路

壯圍十八島的社群內容，會依據每個時期討論的主題吸引不同的群體聚集，像是早期接觸比較多農業議題，就會吸引當地的農友前來。後來有了小孩，加上自己也在關注兒童的教育及地方的生活品質，就吸引同樣也是壯圍的移居家庭來交流。為了支持十八島空間內容的營運，他們也開始往外部找尋不同的資源來支持，透過青發署的青聚點提案，找到推廣農事體驗的資源，後來也在見習生制度下結識更多熱血又有能力的夥伴，成功爭取到國發會的地方創生青年培力工作站的資源。因為姿綺與牧村的移住及事業、空間的經營，並把資源拉回到壯圍，讓更多青年、移住者

LOCAL NOTE

【成立年份】
2014年成立「真食感受」小農商行
2015年成立「壯圍十八島」工作室空間
2020年成立「圍食堂」
2021年成為國發會地方創生「壯圍鄉青年培力工作站」

【團隊成員】
3個事業品牌單位、共計6位正職夥伴、7位兼職夥伴

【成員分工】
黃姿綺：創辦人、品牌統籌、組織營運
林牧村：創辦人、事業營運、產品管銷
溫得瑜：圍食堂店鋪營運
葉昱辰：學術研究紀錄、地方議題研討
陳韋臻：伴創意實驗所、專案管理、議題企劃
許巧汶：伴創意實驗所、駐鄉設計師、攝影師
黃芝凡：行銷顧問、專案攝影師
蔡子萱：微講堂課程管理

【主要業務】
地方見學小旅行、餐食營運、食農課程規畫、地方事業單位合作

【收入來源】
見學體驗30%、店鋪營運40%、食材加工品販售30%

以及壯圍的原生社群，可以交流工作及生活經驗。

兩人看起來比之前接專案時更加忙碌，不過烤肉店的創業開拓當地食材的通路，燒烤師父的聘任也為壯圍創造了工作機會。同時，因為原本空間規劃及社造的專業，成為協助移住者及創業者的第一步，更多的人來此生活也把不同的資源帶進來，讓壯圍更豐富。

結束訪談後，我想起同為創業夥伴的弟弟安儂，在2019年今秋藝術節閉幕式之後的志工聚餐上分享到，「很多人為了生活到城市去工作，而我們是為了留在鹿港生活，而選擇了現在的工作」，把鹿港換成壯圍也是一樣的。我們都可以運用自己的能力長期投入地方工作，並且把資源帶回地方與之連結，產生實質影響力。再進一步組織團隊，吸引更多想投入地方的人們，並陪伴他們走過「回到地方」的第一哩路。

\ Vol.1 /

創造
未來

從十八層地獄 反思體驗設計

文字—林承毅
圖片提供—林 事務所

有點年紀的朋友，應對於「鬼屋」這兩個字不感陌生，這個詞再被提出，想必勾動許多人的兒少時代記憶。這是個在網路時代未來臨之前，一處可創造猶如當下沉浸式體驗效果的場所，通常附屬於風景區內的遊樂園中，或許大家會想起那一座座充滿速度感及高旋力的乘坐遊具，但通常在此之外，帶著神祕感，營造恐懼及直擊感官震撼的鬼屋，總是能吸引眾人。

而隨著時代發展，科技發達，娛樂多元化，過往喧騰一時的樂園，早已走入歷史鴻溝，當然鬼屋也是，在一切都比不上密室逃脫及VR／AR等科技所創造的體驗活動下，早就瀕臨退場命運，僅剩下過往體驗的共時性身體感，常令人感到回味無比。

位於彰化八卦山腳下的南天宮，裡頭有座十八層地獄，半世紀以來依舊屹立不搖，聽說這曾經是每位彰化小孩成長過程中的兒時夢魘。過往興盛時期，南來北往遊客絡繹不絕，從學生族群、情侶或家族旅行，眾人相偕來試膽，並感受傳說中「地獄」的可怕。而這座由宮廟所設的休憩設施，到底是什麼樣的原因，沒有遭受淘汰命運而留存至今，成為一處知名的「B級景點」？而這樣堪稱「元祖體驗設計」的鬼屋，是否能找到當代的新意義？

我們想問的是，這座將傳說地獄真實化展演的體驗空間，是否依

舊令人感到可怕，確實，也許因年久失修設備老舊，反而體驗出一種如廢墟冒險般的驚恐感，但如果綜觀裡頭的裝飾物，不得不說裡面所引寓的故事及典故都太過時，難以引發觀者共鳴，或許最後僅剩下，創造「恐懼感」，這樣未免太可惜？

所以，從體驗設計角度，這個源自於佛教及民間信仰傳說，演繹人死後歸屬之地的十八層地獄之可怕在於其存在著各式刑罰，為的是結清人世作惡所犯的罪，通常被拿來作為「警世」之御用。因此，絕對要善用地獄這個強大的隱喻與符碼，除了讓內容及設備與時俱進，以求創造絕佳五感六覺體驗感，並能從中創新價值，而關鍵就在存在半世紀所累積的「場所精神」，以及「無形文化資產」為基底的價值，這絕對是根本。

最後，你相信有地獄存在嗎？

我認為那是一種存乎於人心的警示，透過體驗場所的顯像，讓人可反視無形卻存在內心的慾望，從而內省及反思；期盼未來的改造，能讓這座「時代教化場所」，透過「再創造」賦予更強大的意義，以期能「複寫」曾經造訪者的歷史記憶。

在這個快速變遷且無常圍繞的年代，快的背後，極需更多沉浸後的反思，需與時俱進的不會只是「外顯裝置」，更包含「內隱內容」，因為體驗的不僅是「感官刺激」，還包含「意義創造」，這才是未來所需要的體驗設計，也才值得為此而創造。

勝手 姉妹鄉

姉妹鄉 勝手に

日文「勝手」一詞，為自作主張之意，「勝手姉妹鄉」計畫即是擅自開創「姉妹都市」的鄉村版，媒合台日兩鄉、簽結友好締結合約，深化台日鄉村之共好。

地方感的聲景創作

企劃、翻譯、文字—蔡奕屏
圖片提供—SIDOLI RADIO小島裡、VIDEOTAPEMUSIC

蔡奕屏
因為2019年開啟的日本地方設計師採訪計畫，而開始了和日本大小地方的緣分，並在最後集結成《地方設計》一書。目前續篇《地方○○》籌備中。

當初會結識日本音樂家VIDEOTAPEMUSIC，是2021年一個以「地域藝能」為主題、為期半年的線上討論會。那時聽到他分享到訪日本各地方並進行音樂創作的「滯留製作」計畫，覺得非常有趣、音樂風格也非常吸引人，因此忍不住在臉書寫了簡短的介紹文。

意外的是，那篇貼文引起小島裡凱洛的回應，因此這次就藉由勝手姉妹鄉的機會，以聲音、音樂、地方為關鍵字，正式介紹VIDEOTAPEMUSIC、小島裡互相認識。

交流會上印象很深的是，雖然雙方之間必然有著中文、日文的語言隔閡，但是透過「音樂」這個雙方共同的語言，再加上「地方」是雙方都關心的議題，因此無形當中打破了許多藩籬，更透過這兩項共通點一下拉近了許多距離！

SIDOLI RADIO VIDEOTAPEMUSIC

勝手姉妹鄉
協定宣言書

台灣「SIDOLI RADIO小島裡」與日本「VIDEOTAPEMUSIC」，
基於台日友好之愛與信賴，
為增進太平洋地區的共榮，
深化兩地之鄉村共好，
以共創宇宙間充滿希望與夢想的光明未來，
特此簽訂「勝手姉妹鄉」宣言。

台灣
SIDOLI RADIO小島裡

日本
VIDEOTAPEMUSIC

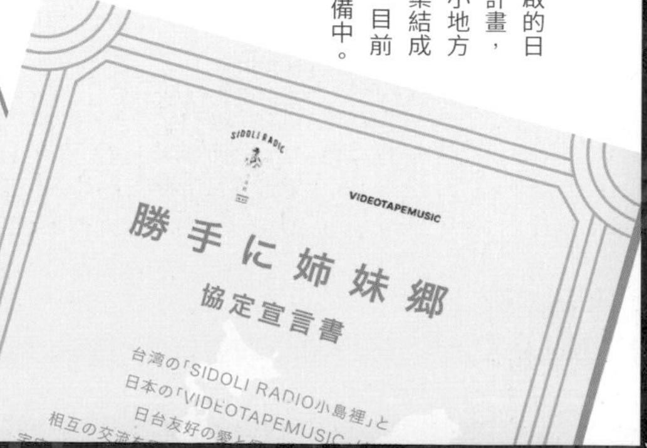

SIDOLI RADIO VIDEOTAPEMUSIC

勝手に姉妹鄉
協定宣言書

台湾の「SIDOLI RADIO小島裡」と
日本の「VIDEOTAPEMUSIC」は
日台友好の愛と

紀念品開箱 Unbox!

為了讓台日雙方團體認識彼此，線上會面前特別邀請兩方相互寄送紀念品。

台灣方

SIDOLI RADIO小島裡

SIDOLI RADIO小島裡，是一個以聲音為載體的概念場域，結合錄音室、唱片行、咖啡、選物與藝廊的複合式空間。落腳於台北市大同區的大稻埕，期許連結在地街區，一步一步記錄，放送更多屬於這個時代的動人故事。

【駐地】台北市大同區大稻埕
【創立】2020年
【聯絡代表】林凱洛
【成員組成】 核心成員共3名（創辦人游智維、藝術總監方序中Joe、品牌總監林凱洛Carol）

小樂曲鳳梨酥禮盒
台灣百年糕餅店邀請設計師方序中與音樂藝人共同合作開發，結合音樂概念的鳳梨酥禮盒。由方序中操刀鳳梨酥的六種口味以及產品包裝。

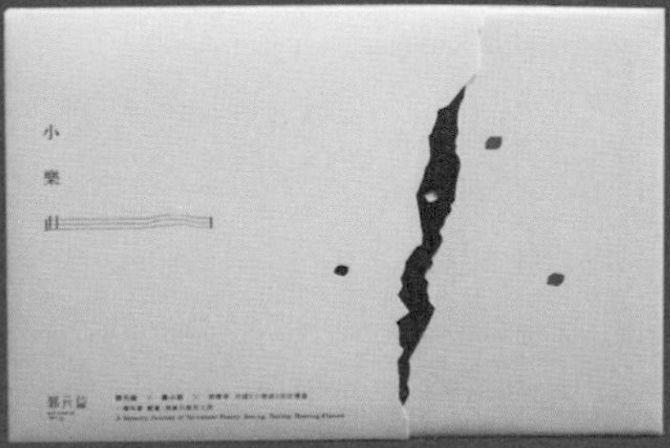

小島裡配方咖啡豆

嘉義阿里山茶山部落的香糖

《小島遊》概念音樂卡帶

《小花計畫_查無此人》概念音樂專輯CD
《小花計畫_查無此人》是由設計師方序中於2019年所發起與策展，邀請共十組台、日、港、中藝術創作者結合音樂創作者共同創作，是台灣第一次結合流行音樂與當代藝術的展覽。

台灣方補充｜方序中Joe
這些產品的包裝，基本上都是我設計的喔。

日本方試吃代表｜VIDEOTAPEMUSIC
我其實平常都是喝綠茶不太喝咖啡，但我一收到紀念品就迫不及待開喝了，很好喝，歐伊系！

台灣方補充｜林凱洛Carol
我們本來還想要寄「阿米斯Malikuda牽手酒」，但因為無法寄送酒類，所以這個我們保留下次見面時喝！

日本方
VIDEOTAPEMUSIC

音樂家、影像作家，與新加坡、台灣、韓國、菲律賓等國際藝術家有眾多合作經驗。近年在音樂創作、Live ／ DJ ／ VJ演出，以及影像製作之外，更以「滯留製作」為題，在日本多地停留、透過地方田野調查來進行音樂創作。

【駐地】 東京世田谷區
【創立】 2012年
【聯絡代表】 VIDEOTAPEMUSIC
【成員組成】 1名

高知的地瓜零食，是VIDEOTAPEMUSIC在高知創作時每天都吃的最愛。

《7泊8日》（CD ／ 2012）
VIDEOTAPEMUSIC的首張專輯，是擷取許多錄影帶音源的創作。

《The Secret Life of VIDEOTAPEMUSIC》（CD ／ 2019）
和許多亞洲音樂家共同創作的專輯，其中台灣的音樂家周穆也有一同參與。

《Funny Meal》（7inch record/2021）
最新的創作單曲，引用了許多泰語歌的舞蹈音樂。

在佐賀縣嬉野市進行「滯留製作」時，與當地設計師共同合作製作的周邊商品，有手巾和鑰匙圈。嬉野是一溫泉鄉，手巾是泡溫泉必備之物！

在高知縣須崎市進行「滯留製作」時所做的周邊商品，T-shirt上印製的圖案是須崎海岸漂流物的印刷，玻璃杯則是繪製了須崎港的風景。

日本方補充｜ VIDEOTAPEMUSIC
哈，一不小心就追加了許多跟這次交流無關，但是想跟台灣朋友分享的古唱片、演歌錄音帶、唱片目錄、我最愛的咖哩包，希望大家收到時沒有嚇到！

線上會面 Start!

Online Memo	時間	主持與翻譯	線上與談人
	2022年4月下旬的平日傍晚	姊妹鄉媒人蔡奕屏	【台灣方】小島裡藝術總監方序中（Joe）、品牌總監林凱洛（Carol） 【日本方】VIDEOTAPEMUSIC

◆Carol：第一個好奇的是，為什麼藝名是「VIDEOTAPEMUSIC」呢？

■VIDEO：2005年我到武藏野藝術大學，也是那時候開始創作音樂。那個時期，剛好是出租錄影帶店從錄影帶轉移到DVD的時代，DVD開始普及之後，錄影帶就變得超級便宜，像是垃圾一樣要被淘汰丟掉，而我就開始收集錄影帶，並作為音樂創作的素材，也因此就成為我的名字VIDEOTAPEMUSIC的由來。雖然現在不一定全部的創作都會用到錄影帶，但是就當作是一個不忘初心的象徵。另外因為名字VIDEOTAPEMUSIC太長了，可以叫我VIDEO。

◆Joe：我和VIDEO桑年紀應該差不多，我大概20幾歲在唱片行工作的時候，也是經歷了從錄音帶轉換到CD的時期。我從音樂專輯的包裝上，慢慢了解聲音和視覺的連結，也開始設計專輯封面，現在成立了這樣的空間和團隊。我們現在經營的空間也有唱片行，其實就是希望那個時代聽音樂的方式能夠被保留下來。

■VIDEO：噢，我也是有經歷過聽錄音帶的世代，還記得小時候會用錄音帶把廣播錄下來聽。

大學的時候我就開始許多音樂的表演，大概十年前左右，我加入了獨立音樂的事務所KAKUBARHYTHM，之後就開始推出專輯，也到日本各地、甚至是亞洲演出，而我也以這些曾經停留在不同地方的經驗作為靈感進行創作。像是2016年我和搖滾樂團「ゆらゆら帝国（Yura Yura帝

國）」的坂本慎太郎合作，一起創作了以泰國音樂和風景為發想的創作「曼谷之夜（バンコクの夜）」，然後做成了LP唱片。

那之後也有不少音樂專輯的發表，像是2017年以東京郊區的成長之地為主題的專輯「ON THE AIR」、2019年最新的專輯是和許多客座歌手一起合作的「The Secret Life of VIDEOTAPEMUSIC」，裡面也有邀請台灣歌手Murky Ghost（周穆）一起合作。

VIDEOTAPEMUSIC的地方音樂創作

媒：最想請VIDEO特別介紹「滯留製作」的計畫。

■VIDEO：我過去算是地下音樂人，一直都是在東京的小圈中活動，後來因為加入了事務所，所以活動演出等範圍擴大許多，去了許多地方，因而開始對於和地方一起合作、創作有了興趣。因此，2020年我開始「滯留製作（滞在制作）」的計畫，就是到日本各地短暫停留、進行田野調查並創作音樂，至今我到訪了日本五個地方，群馬縣館林市、長野縣塩尻市、佐賀縣嬉野市、長崎縣野母崎地區、高知縣須崎市。大家一聽也會發現，這些地區都不是什麼有名的地方，而我也都是偶然有機會到訪。我想，比起有名的地方，去這些大家不太知道的地方，並透過音樂來發現當地的魅力，再傳遞給大家，對我來說比較有意義。

媒：是什麼樣的緣分去到這五個地方呢？

■VIDEO：在日本各地進行Live演出的時候，我都會跟大家宣布「滯留製作」的計畫，因此收到不少「請到我們這裡」這樣的回應，因此基本上都是因為Live演出而有的緣分。

那我挑其中幾個地點的創作來跟大家分享喔。第一個是群馬縣館林市，是一個離東京開車一小時距離的地方，這裡因為有許多汽車工廠因此有許多外國移民，像是巴西、越南，還有來自緬甸的難民。我的音樂創作就是跟這些外國移民、還有當地的日本人，在交流之中進行，像是訪談巴西人的時候請他們唱巴西的歌曲、或是請緬甸人教我緬甸語等，這些都成了樂曲的素材。最後，我把成果製作成錄音帶並販售，以及那次剛好也有一個年輕的影像導演一起去，因此我們也做了紀錄片。

第二個長野縣塩尻市比較特別，因為當時疫情已經開始流行，已經難以跟當地人進行訪談，因此我的田野調查方法就改變方式，以「不和任何人接觸」為前提，轉而到當地的二手店找文獻、找錄影帶。

這裡要特別說明的是，日本各地因為有不同的地方電視台，因此電視裡播的節目會因為地區不同而有所不同，而二手店的錄影帶很多都是錄製這些地方特有節目的內容，因此其實可以透過錄影帶看到日本各地的不同。我就是透過這樣的調查方式，發現塩尻市流傳的許多民謠和民間故事，許多都有狐狸的角色，因此我當時就創作了以狐狸為題材的音樂。

最後是，佐賀縣嬉野市，這是個以溫泉和嬉野茶聞名的地方，我當時就是在溫泉旅館大村屋停留一個禮拜，在那期間去收錄了溫泉、茶園、還有當地祭典使用的樂器聲音，也請當地居民進行演奏、還有合唱，然後再搭配有著以前嬉野風景的錄影帶畫面，組合成「嬉野恰恰恰（嬉野チャチャチャ）」這個音樂作品並發售。名稱會叫做恰恰恰，就是

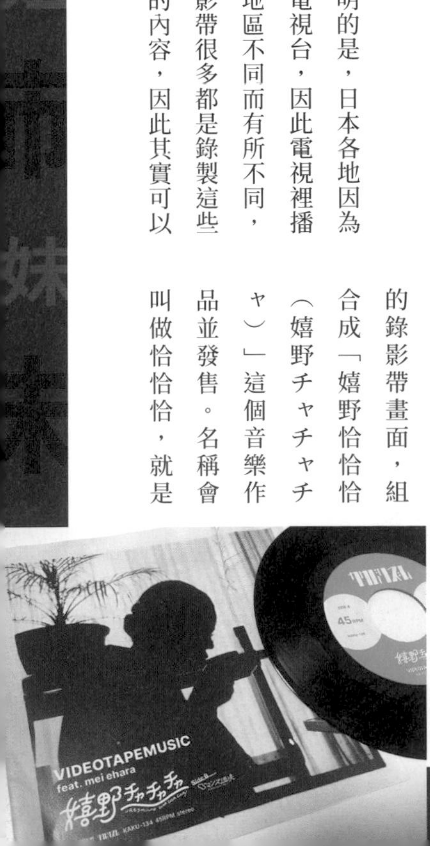

指拉丁音樂恰恰的這個類別，還有就是茶的日文發音也是「恰」，所以有包含這兩個意思。

◆Carol：我也有去過嬉野！

媒：去嬉野的時候有去大村屋嗎？大村屋的老闆北川先生在NO.09的勝手姊妹鄉也有以「嬉野茶時」的身份登場喔！

◆Carol：當時只有短短一天停留所以很可惜沒有去到。我還滿好奇的是，VIDEO是如何決定想要採集的故事，以及有感覺的聲音元素？

■VIDEO：基本上我的田野都是有緣遇到的人所牽起的聯繫，所以我非常珍視這中間關聯的元素，然後把它轉化為音樂。也因此比起地方上「有名」的東西，我一直都希望能是以我自己走過、自己遇到的人事物為主，擷取這些過程中的聲音。換言之，都不會是什麼名勝、有名地方的聲音，而是偏向個人充滿回憶的地方這種類型，非常個人化的聲音素材。

小島裡的聲音實驗計畫

◆Carol：小島裡的英文名稱「SIDOLI RADIO」中的SIDOLI是Joe依據日文「故事」（ストーリー）的音來創造的詞，其實英文並沒有這樣的詞。

■VIDEO：哇，是自己「造語」嗎，好棒。

◆Carol：我們現在所在的空間是我們的錄音室，是台灣比較少見，結合錄音室、唱片行、咖啡、選物店、藝廊的空間。

而我們的所在地，台北市大同區，有點像是東京的淺草或上野，是一個充滿新文化與舊文化互相交融的老城區。因此我們就想說作為一個新的設計團隊，並且經營一個新的空間，希望能夠藉由聲音來記錄在地的文化，也為大稻埕、台灣記錄文化。至於為什麼是聲音，是因為我們認為聲音有著比較自然與親切的擴散性，以及聲音的陪伴能夠更接近大家的情感面。

小島裡有三個主要的概念，一個是過去聲音資料的整理，二是現在所

在人事物的聲音採集，三是未來聲音如何變成展覽、表演、音樂專輯，讓聲音有更長遠的陪伴。

我們在2020年底成立，去年因為受限於疫情，有許多事情沒辦法做，我們就藉由不管是線上活動或是在台灣可活動的期間中，做了不少專案，像是「擬聲現場in大稻埕」聲音體驗展、「這一刻的味道」線上聲音串連活動。

■VIDEO：滿好奇在大稻埕會聽到什麼聲音，什麼是大稻埕特有的聲音？

◆Joe：大稻埕在台北是個很奇特的區域，有許多古老建築、也有很多新進來的能量，而這麼多年以來，我覺得共通點就是充滿了人情味。在聲音與故事採集的這一年來，其中我印象最深刻的是，這邊的人都會很熱情的問候，尤其問「吃飽沒」。在這個熱鬧的地方，雖然會聽到很多、很多聲音，但總會聽到一句溫暖的問候「吃飽沒」。

■VIDEO：我有聽過「吃飽沒」是台灣特有的打招呼用語！覺得非常特別。

◆Joe：而且其實每個區域問候的方式都不太一樣，未來有機會也歡迎VIDEO桑來台灣蒐集「吃飽沒」的聲音作品。

■VIDEO：還有一個好奇是，文字和聲音都是記錄的方式，而我想有些是聲音能夠做到的差別，像是說話速度、響度、語調。想問問Joe桑，透過聲音記錄有什麼有趣的地方，又是如何感受到寫作和聲音之間的區別？

◆Joe：我一直覺得文字和聲音都是一種模糊的浪漫，因為都要藉由文字或聲音來模擬出自己心中的畫面。我覺得聲音除了速度、語調之外，還有一個最特別的是時間點，也就是在時間軸上「現在」留下的聲音是無法被複製的，因此每段聲音都有它的個性和獨特性，而我覺得這也是聲音珍貴的地方。

林強的音樂成為共通話題

◆Carol：對了，VIDEO桑有來過

台灣嗎？對台灣的印象如何呢？

■VIDEO：有喔，我有去過台灣的夜市，我對於夜市攤販的擴音器非常有印象，那個從擴音器播放出要招攬客人的音質，覺得非常復古。我當時是因為Live表演而去台灣，所以基本上在Live House裡待了非常久的時間，我印象很深的是台灣年輕人對於音樂的能量和熱情，不管是什麼語言的音樂，中文、日文、英文都有，是一段非常棒的回憶。

◆Carol：那VIDEO桑有涉略台灣的音樂嗎？

■VIDEO：我很喜歡侯孝賢電影《千禧曼波》中由林強做的音樂。這之外我也聽落日飛車、雷擊。

◆Carol、Joe：欸～VIDEO桑聽的很新耶！

■VIDEO：最後是一個非常個人的問題，想問問有沒有可以推薦給我的台灣音樂創作者呢？

◆Joe：聽了VIDEO桑的分享，我最想推薦林強。

■VIDEO：噢，林強，我很喜歡《千禧曼波》的音樂。而且巧的是，我在上週一個談亞洲電影音樂的線上節目，就有談到侯孝賢和林強。

◆Joe：哇，太巧了。在紀念品裡也有致贈的小花計畫《查無此人》專輯裡，林強的音樂是我們的第一件作品。

林強在年輕的時候用台語做了台灣第一首台語流行歌，造成很大的轟動，直到現在年輕人都還是非常喜歡，是個震撼又獨特的劃時代作品。林強現在隨著年紀增長，還有對土地的觀察，他也慢慢走向用電影的音樂說故事，到現在他比較像是用實驗性的電音，來幫他的老家、或是他觀察到的土地問題來發聲。在他的音樂生命裡面，就像是整個台灣成長的過程。

在我們送的《查無此人》專輯，裡面有一首林強的作品，那就是他現在回到老家，用台灣古調重新詮釋和編曲，是非常精彩的作品，請VIDEO桑一定要仔細欣賞。

■VIDEO：有，我有聽了，非常棒、非常精彩。在專輯裡其他比較多是流行樂風格的歌曲，其中出現了較為實驗性質的林強音樂，非常突出之外，更讓整個專輯出現更高的多樣性，超棒。

◆Joe：而且那其實是我和林強老師在聊小時候的故事，慢慢發覺、然後進行創作的。我覺得這是我在這張專輯中最開心的作品。

預約下次一起聽音樂、聊天

■VIDEO：今天受限於線上的關係有許多限制，如果可以的話，真的很希望今天的交流能夠在同一個空間裡，一起一邊聽音樂、一邊聊天。

◆Carol：還有酒精！

■VIDEO：對，也想要一起喝一杯！

◆Joe：期待！真的很希望未來有機會！

■VIDEO：我想我們雙方都能理解的是，在音樂的世界裡看似聲音是主角，但其實視覺、設計也都非常重要，所以在交流的時候，不是只有交談的內容，那時的氣溫、背景音樂等也都非常重要。所以如果可以，能夠有這樣的機會的話，一定會更完美。啊，想去台灣～

◆Carol、Joe：歡迎！

會後悄悄話

台灣方代表｜ Joe桑（方序中）

我雖然是平面設計師，但近年來發現藉由聽覺產生的感受更是獨一無二，也因為這樣浪漫的表現方式，讓我做了許多有趣的作品。藉由這次的交流，才發現原來喜愛故事、觀察土地的創作者還有很多，也希望未來有更多交流機會可以一起進行創作，留下更多美好的音樂和作品。

日本方代表｜ VIDEOTAPEMUSIC桑

聽了小島裡的分享，我感到非常的有共鳴，因為我們都是用自己的雙腳來搜集各種聲音故事。雖然最後呈現的形式不太一樣，我是透過音樂創作，Joe桑是透過設計、小島裡是透過店鋪等，但還是感到非常的親近。

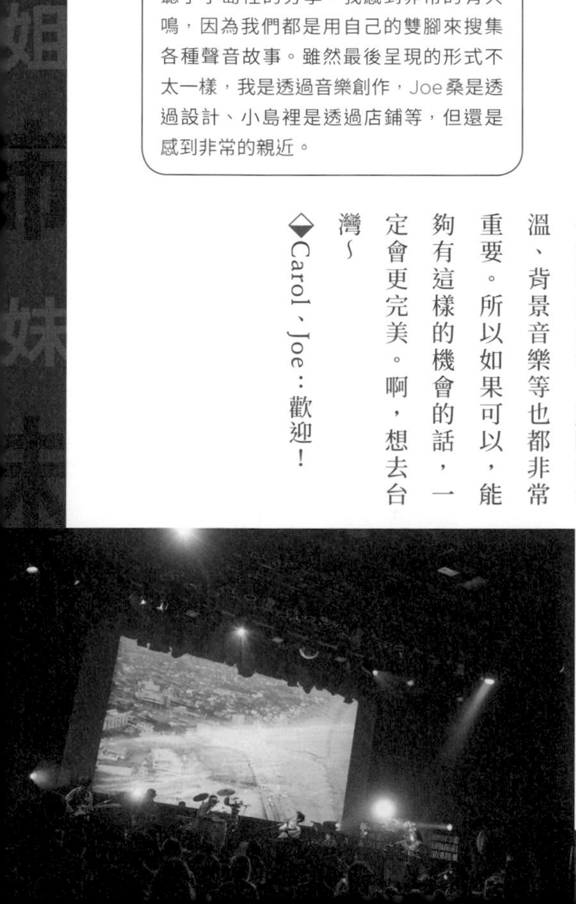

地味手帖【12】

鄉村博物館

——尋找自己是誰的方法

主編 —————— 董淨瑋
編輯顧問 —————— 林承毅
封面設計 —————— 廖韡
內頁設計 —————— Debbie Huang、安比

社長 —————— 郭重興
發行人暨出版總監 —————— 曾大福
出版 —————— 裏路文化有限公司
發行 —————— 遠足文化事業股份有限公司
地址 —————— 新北市新店區民權路108-3號8樓
電話 —————— 02-2218-1417
傳真 —————— 02-2218-8057
Email —————— service@bookrep.com.tw
客服專線 —————— 0800-221-029

法律顧問 —————— 華洋國際專利商標事務所 蘇文生律師
印刷 —————— 凱林彩印股份有限公司
初版 —————— 2022年6月
定價 —————— 380元

Printed in Taiwan

鄉村博物館：尋找自己是誰的方法/董淨瑋主編. -- 初版. –
新北市：裏路文化有限公司出版：遠足文化事業股份有限公司發行, 2022.6
面； 公分. -- (地味手帖；12)
ISBN 978-626-95181-8-0(平裝)
541.307 111009191